微信公众号运营

100000+
爆款软文内容速成

（第2版）

叶龙 ◎ 编著

清华大学出版社
北京

内 容 简 介

如何进行100000+软文的撰写，让阅读量飙升、点赞率更高？
如何进行100000+软文的关注点切入，提升用户的阅读体验？
如何打造软文的形与神，让其情感、内容与形式更丰富？
如何进行100000+吸粉引流和公众号整合，将软文打造成爆款？

本书将基于微信公众号的软文实例，对公众号的运营和爆款软文撰写的各个方面进行探讨，包括：微信公众号的调研与准备；软文撰写的关注点切入；标题的吸睛表达；关键词的优化技巧；软文正文的写作方法；三位一体激发读者点击；图片、版式的应用和安排；爆款软文的运营策略，帮助读者用最少的时间和精力，将微信公众号运营成百万盈利平台！

本书结构清晰，适合于微信平台、内容平台创业者和管理者使用，也适合于对软文营销感兴趣的人士阅读。

本书封面贴有清华大学出版社防伪标签，无标签者不得销售。
版权所有，侵权必究。举报：010-62782989，beiqinquan@tup.tsinghua.edu.cn。

图书在版编目(CIP)数据

微信公众号运营：100000+爆款软文内容速成/叶龙编著. —2版. —北京：清华大学出版社，2019（2023.8重印）
ISBN 978-7-302-52520-2

Ⅰ．①微… Ⅱ．①叶… Ⅲ．①网络营销 Ⅳ．①F713.365.2

中国版本图书馆CIP数据核字(2019)第043136号

责任编辑：杨作梅
装帧设计：杨玉兰
责任校对：吴春华
责任印制：丛怀宇

出版发行：清华大学出版社
    网　址：http://www.tup.com.cn, http://www.wqbook.com
    地　址：北京清华大学学研大厦A座　　**邮　编**：100084
    社 总 机：010-83470000　　**邮　购**：010-62786544
    投稿与读者服务：010-62776969, c-service@tup.tsinghua.edu.cn
    质量反馈：010-62772015, zhiliang@tup.tsinghua.edu.cn
印 装 者：北京博海升彩色印刷有限公司
经　　销：全国新华书店
开　　本：170mm×240mm　　**印　张**：16.25　　**字　数**：325千字
版　　次：2017年7月第1版　　2019年7月第2版　　**印　次**：2023年8月第7次印刷
定　　价：59.80元

产品编号：080717-01

前 言（第 2 版）

写作驱动

笔者曾在2017年7月推出了《微信公众号运营：100000+爆款软文内容速成》一书。该书出版之后，反响较好，笔者也收到了许多读者的良好反馈。时间过去了一年多，各大新媒体平台也发生了一些变化，而笔者也在这一年多的时间里对于新媒体的运营有了新的见解与感悟。

于是笔者对原书进行了增删和优化，推出了这本《微信公众号运营：100000+爆款软文内容速成（第2版）》。

特色亮点

本书最大的特色主要有以下3点。

（1）内容全面。本书从写作前期的准备、写作的注意事项、起标题的技巧、关键词的使用和优化、软文正文的写作方法、排版配图的吸睛方式以及营销推广的方法等多方面展开介绍，内容全面翔实。

（2）实用性强。把本书的技巧和方法看明白了，读者立马就能使用，即使是零基础、没有接触过微信公众号的读者也可以轻松掌握和灵活运用，手把手教你写出100000+爆款软文。

（3）浅显易懂。本书所举案例都非常贴近生活，语言简洁明了。没有艰深晦涩的理论，只有"理论＋经验技巧＋典型实战案例"的结合，更加通俗易懂。

本书内容

相比于第1版，本书更加侧重于爆款软文的撰写，所以删去了第1章微信公众号的定位与设置，增加了写作前期的准备和注意事项。此外，还对部分小节内容进行了删改和优化。

各章节内容如下。

第1章　写作前期：磨刀不误砍柴工

第 2 章　制造爆款：写软文要注意什么
第 3 章　标题技巧：吸睛表达提升点击
第 4 章　关键词：优化巧用增加曝光
第 5 章　内容为王：写作方法为你助力
第 6 章　三位一体：人情＋故事＋形式
第 7 章　配图排版：高颜值引爆阅读量
第 8 章　营销推广：热点＋痛点＋话题

作者分工

本书由叶龙编著，参与编写的人员还有王春妮、刘胜璋、刘向东、刘松异、刘伟、卢博、周旭阳、袁淑敏、谭中阳、杨端阳、李四华、王力建、柏承能、刘桂花、柏松、谭贤、谭俊杰、徐茜、刘嫔、苏高、柏慧等人，在此表示感谢。由于编者知识水平有限，书中难免有疏漏和不足之处，恳请广大读者批评、指正。

编　者

前 言（第1版）

写作驱动

目前，微信公众号已成为企业的标配、刚需，既是企业对外宣传的品牌窗口，又是与客户交流的平台工具，同时也是个人创业的新平台。

截至2016年，我国微信公众号的数量超过1200万，相关岗位已达5000多万个，在未来10年，微信将成为个人生活和企业发展必不可少的工具，正如十年前的淘宝。现实的问题是，公众号的运营不是人人都会，最好有专业的教材可用。

天下事，必做于细，做于专。只要公众号的大市场存在，专业、细分的有关书籍必将成为新的刚需。正是源于这种大势下专业细分的需求，笔者团队特意策划了本套"微信公众号运营系列"丛书，本系列丛书紧扣公众号运营的难点和痛点：详细讲解了内容生产、吸粉引流、数据分析、粉丝互动等相关知识。本套丛书分为以下4本。

(1)《微信公众号运营》。
(2)《微信公众号运营：100000+ 爆款软文内容速成》。
(3)《微信公众号运营：粉丝及平台数据分析和营销》。
(4)《微信公众号运营：微信群的组建、吸粉和营销》。

本书内容

本书是丛书中的一本：《微信公众号运营：100000+ 爆款软文内容速成》。书中主要对100000+ 爆款软文的编写和推广进行深度讲解，主要内容如下。

第1章　前期准备：微信公众号的定位与设置
第2章　用户体验：软文撰写的关注点切入
第3章　内容提炼：标题和关键词的吸睛表达
第4章　内容生成：软文正文的差异化表达
第5章　图文优化：图片、版式的应用和安排
第6章　形神兼备：情感、内容和形式的打造
第7章　吸粉引流：爆款软文的运营策略
第8章　平台整合：软文撰写的营销最大化

本书从微信公众号软文角度出发，为读者介绍了平台内容的关注点切入、标题和关键词的设置、正文的差异化表达、图片与版式的应用、情感内容与形式的打造、细

微信公众号运营
100000+ 爆款软文内容速成（第2版）

分引流的运营策略和平台整合的软文撰写和推广等，教会运营者打通更详细而深入的软文撰写和推广之道，让公众号运营者和撰写者更加得心应手。

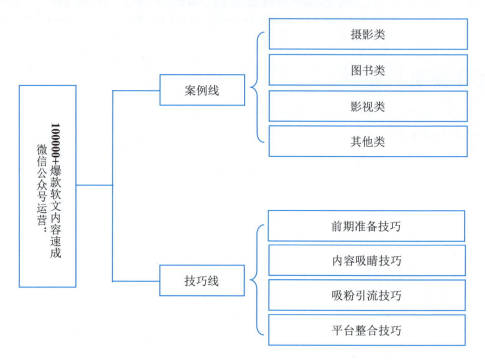

本书特色

本书主要有以下特色。

（1）内容专业，分析透彻：本书从公众号的设置与定位、平台内容的关注点切入、标题与关键词的设置、软文正文的生成与技巧、图片与版式的应用等角度出发，以爆款软文打造为核心，对8章专题内容进行了详解，帮助读者彻底掌握新媒体时代微信公众平台软文撰写和内容创业的盈利技巧。

（2）实用为主，技巧精辟：本书没有通篇空洞的理论，而是对公众号运营的前期准备、内容吸睛表达、吸粉引流和平台整合等方面的技巧进行了详细的介绍，帮助运营者牢牢把控公众号平台实战的运营思路，突破内容壁垒，最终实现100000+涨粉和千万盈利。

作者分工

  本书由叶龙组织编写,参与编写的人员还有周玉姣、刘胜璋、刘向东、刘松昇、刘伟、卢博、周旭阳、袁淑敏、谭中阳、杨端阳、李四华、王力建、柏承能、刘桂花、柏松、谭贤、谭俊杰、徐茜、刘嫔、苏高、柏慧等人,在此一并表示感谢。由于编者知识水平有限,书中难免有疏漏和不足之处,恳请广大读者批评、指正。

编 者

目录

第1章　写作前期：磨刀不误砍柴工 ……………………………………… 1

1.1　了解：公众号运营知多少 ……………………………………… 2
- 1.1.1　运营：推送文章就是平台运营吗 …………………… 2
- 1.1.2　标题：吸引力决定打开率 …………………………… 2
- 1.1.3　中心：主要内容要明确表达 ………………………… 3
- 1.1.4　转发量：软文疯传的必备要素 ……………………… 5

1.2　调研：深入理解，做好定位 …………………………………… 5
- 1.2.1　消费者：寻找目标精准定位 ………………………… 5
- 1.2.2　产品：先调研才有发言权 …………………………… 7
- 1.2.3　平台定位：决定发展基调 …………………………… 10
- 1.2.4　用户定位：明确人群特性 …………………………… 11
- 1.2.5　内容定位：发展整合互动 …………………………… 12

1.3　准备：了解大势，找寻爆点 …………………………………… 14
- 1.3.1　背景：明确社会发展趋势 …………………………… 14
- 1.3.2　寻找：品牌传播核心点 ……………………………… 16
- 1.3.3　运用：从内到外寻找爆点 …………………………… 17

第2章　制造爆款：写软文要注意什么 ………………………………… 19

2.1　爆款运营：吸引关注，留住用户 ……………………………… 20
- 2.1.1　兴趣爱好：吸引读者 ………………………………… 21
- 2.1.2　切身利益：吸引关注 ………………………………… 24
- 2.1.3　热点话题：引人注目 ………………………………… 25
- 2.1.4　规划内容：井井有条 ………………………………… 27
- 2.1.5　运营策略：增强依赖性 ……………………………… 28
- 2.1.6　宣传推广：坚持不懈 ………………………………… 29

2.2　重点关注：注意细节，提升体验 ……………………………… 31
- 2.2.1　篇幅：知道变通 ……………………………………… 32
- 2.2.2　产品：无痕植入 ……………………………………… 34
- 2.2.3　包装：拒绝硬广 ……………………………………… 34
- 2.2.4　抄袭：撰写大忌 ……………………………………… 35

2.2.5　转载：运营大忌 ………………………………………………………… 35
　　2.2.6　排版：美化处理 ………………………………………………………… 36
2.3　小心谨慎：软文撰写的常见误区 …………………………………………………… 38
　　2.3.1　准备：忽略策划 ………………………………………………………… 38
　　2.3.2　内容：缺乏主题 ………………………………………………………… 39
　　2.3.3　数量：过度追求 ………………………………………………………… 39
　　2.3.4　营销：忽悠客户 ………………………………………………………… 40
　　2.3.5　撰写：闭门造车 ………………………………………………………… 41
　　2.3.6　内容：没有亮点 ………………………………………………………… 42
　　2.3.7　布局：毫无章法 ………………………………………………………… 42
　　2.3.8　书写：错误较多 ………………………………………………………… 43
　　2.3.9　呈现：排版错乱 ………………………………………………………… 44
　　2.3.10　互动：力度不够 ………………………………………………………… 45
　　2.3.11　服务：经常忽视 ………………………………………………………… 45

第3章　标题技巧：吸睛表达提升点击量 …………………………………… 47

3.1　必备：8个打造爆款软文的要素 …………………………………………………… 48
　　3.1.1　产品亮点：突出展示 …………………………………………………… 48
　　3.1.2　软文价值：增加点击量 ………………………………………………… 49
　　3.1.3　主题内容：紧密联系 …………………………………………………… 51
　　3.1.4　搜索习惯：结合实际 …………………………………………………… 52
　　3.1.5　简洁明了：重点突出 …………………………………………………… 53
　　3.1.6　无限创意：独特鲜明 …………………………………………………… 54
　　3.1.7　标题元素：形象具体 …………………………………………………… 56
　　3.1.8　激发兴趣：好奇探究 …………………………………………………… 58
3.2　吸睛：18种提升点击量的实用技巧 ………………………………………………… 58
　　3.2.1　速成型标题：快速掌握某些技巧 ……………………………………… 59
　　3.2.2　福利式标题：让用户感觉占便宜 ……………………………………… 60
　　3.2.3　对比式标题：加深认识，增强吸引力 ………………………………… 62
　　3.2.4　经验式标题：总结经验提供技巧 ……………………………………… 63
　　3.2.5　观点式标题：依靠名人表达观点 ……………………………………… 64
　　3.2.6　悬念式标题：激发读者好奇心理 ……………………………………… 66
　　3.2.7　警告式标题：给予强烈心理暗示 ……………………………………… 67
　　3.2.8　提示式标题：暗示读者思考行动 ……………………………………… 69

3.2.9　疑问式标题：吸引读者的注意力⋯⋯⋯⋯⋯⋯⋯⋯⋯⋯⋯⋯⋯⋯⋯ 70
3.2.10　数字式标题：与读者心灵的碰撞⋯⋯⋯⋯⋯⋯⋯⋯⋯⋯⋯⋯⋯⋯ 71
3.2.11　借势型标题：借助时下热门事件⋯⋯⋯⋯⋯⋯⋯⋯⋯⋯⋯⋯⋯⋯ 73
3.2.12　励志式标题：调动情绪鼓舞人心⋯⋯⋯⋯⋯⋯⋯⋯⋯⋯⋯⋯⋯⋯ 75
3.2.13　揭露真相式：满足好奇八卦心理⋯⋯⋯⋯⋯⋯⋯⋯⋯⋯⋯⋯⋯⋯ 76
3.2.14　急迫感标题：催促读者加快阅读⋯⋯⋯⋯⋯⋯⋯⋯⋯⋯⋯⋯⋯⋯ 77
3.2.15　反常型标题：与正常思维相背离⋯⋯⋯⋯⋯⋯⋯⋯⋯⋯⋯⋯⋯⋯ 78
3.2.16　冲击型标题：触动到视觉和心灵⋯⋯⋯⋯⋯⋯⋯⋯⋯⋯⋯⋯⋯⋯ 79
3.2.17　画面感标题：营造出更好的体验⋯⋯⋯⋯⋯⋯⋯⋯⋯⋯⋯⋯⋯⋯ 80
3.2.18　独家性标题：独一无二的荣誉感⋯⋯⋯⋯⋯⋯⋯⋯⋯⋯⋯⋯⋯⋯ 81

第4章　关键词：优化巧用增加曝光⋯⋯⋯⋯⋯⋯⋯⋯⋯⋯⋯ 83

4.1　基础了解：关键词的含义和类别⋯⋯⋯⋯⋯⋯⋯⋯⋯⋯⋯⋯⋯⋯⋯⋯⋯ 84
　　4.1.1　网络关键词：网友当下关注的热点⋯⋯⋯⋯⋯⋯⋯⋯⋯⋯⋯⋯⋯⋯ 84
　　4.1.2　软文关键词：正面描述和推广产品⋯⋯⋯⋯⋯⋯⋯⋯⋯⋯⋯⋯⋯⋯ 85
　　4.1.3　核心关键词：不可不知的判断标准⋯⋯⋯⋯⋯⋯⋯⋯⋯⋯⋯⋯⋯⋯ 86
　　4.1.4　辅助关键词：文章意图的精确表达⋯⋯⋯⋯⋯⋯⋯⋯⋯⋯⋯⋯⋯⋯ 87
　　4.1.5　长尾关键词：吸引读者眼球的短句⋯⋯⋯⋯⋯⋯⋯⋯⋯⋯⋯⋯⋯⋯ 88
4.2　加深理解：关键词的选择和预测⋯⋯⋯⋯⋯⋯⋯⋯⋯⋯⋯⋯⋯⋯⋯⋯⋯ 90
　　4.2.1　行业状况：进行清晰透彻的了解⋯⋯⋯⋯⋯⋯⋯⋯⋯⋯⋯⋯⋯⋯⋯ 90
　　4.2.2　主要分布：找准关键词集中区域⋯⋯⋯⋯⋯⋯⋯⋯⋯⋯⋯⋯⋯⋯⋯ 90
　　4.2.3　用户角度：从习惯着手思考⋯⋯⋯⋯⋯⋯⋯⋯⋯⋯⋯⋯⋯⋯⋯⋯⋯ 91
　　4.2.4　对手角度：知己知彼找出优化漏洞⋯⋯⋯⋯⋯⋯⋯⋯⋯⋯⋯⋯⋯⋯ 92
　　4.2.5　百度指数：关键词动态的风向标⋯⋯⋯⋯⋯⋯⋯⋯⋯⋯⋯⋯⋯⋯⋯ 93
　　4.2.6　八卦新闻：借用热点吸引读者注意⋯⋯⋯⋯⋯⋯⋯⋯⋯⋯⋯⋯⋯⋯ 94
　　4.2.7　季节假日：稳定预测关键词的方式⋯⋯⋯⋯⋯⋯⋯⋯⋯⋯⋯⋯⋯⋯ 96
　　4.2.8　社会热点：借势预测关键词的方式⋯⋯⋯⋯⋯⋯⋯⋯⋯⋯⋯⋯⋯⋯ 98
4.3　学以致用：关键词的植入和布局⋯⋯⋯⋯⋯⋯⋯⋯⋯⋯⋯⋯⋯⋯⋯⋯⋯ 99
　　4.3.1　巧妙植入：重点关注位置和密度⋯⋯⋯⋯⋯⋯⋯⋯⋯⋯⋯⋯⋯⋯⋯ 99
　　4.3.2　不断拓展：提高软文的搜索率⋯⋯⋯⋯⋯⋯⋯⋯⋯⋯⋯⋯⋯⋯⋯⋯ 99
　　4.3.3　布局方式：依据篇幅确定次数和位置⋯⋯⋯⋯⋯⋯⋯⋯⋯⋯⋯⋯⋯ 100
　　4.3.4　巧妙布局：长尾关键词的植入位置⋯⋯⋯⋯⋯⋯⋯⋯⋯⋯⋯⋯⋯⋯ 101
　　4.3.5　优化方式：拆分机制和多样的形式⋯⋯⋯⋯⋯⋯⋯⋯⋯⋯⋯⋯⋯⋯ 102

- 4.3.6 排名优化：让文章被更多人看见 ··············· 103
- 4.3.7 搜索优化：妙用符号提升曝光 ··············· 105
- 4.3.8 排名下降：不同情况的应对技巧 ··············· 107

第5章 内容为王：写作方法为你助力 ··············· 111

5.1 内容生成：六大要求把握编辑规则 ··············· 112
- 5.1.1 创意构思：七大常用妙招 ··············· 112
- 5.1.2 单一形式：各有特色的表达 ··············· 115
- 5.1.3 混合形式：多种多样，异彩纷呈 ··············· 118
- 5.1.4 逻辑构建：条理清楚，布局合理 ··············· 120
- 5.1.5 设计情绪点：让用户掌握主动权 ··············· 122
- 5.1.6 长图文形式：考虑读者的阅读体验 ··············· 122

5.2 开头结尾：6种方法吸引读者阅读 ··············· 123
- 5.2.1 打造精彩：吸引读者的开头技巧 ··············· 123
- 5.2.2 出彩开篇：开头的四大撰写要素 ··············· 125
- 5.2.3 印象深刻：以首尾呼应法结尾 ··············· 126
- 5.2.4 感染力强：以号召用户法结尾 ··············· 126
- 5.2.5 传递温暖：以推送祝福法结尾 ··············· 127
- 5.2.6 引起共鸣：以抒发情感法结尾 ··············· 127

5.3 正文布局：9种形式有序引导阅读 ··············· 128
- 5.3.1 新闻式布局：促进软文二次传播 ··············· 128
- 5.3.2 疑团式布局：激发读者阅读兴趣 ··············· 129
- 5.3.3 悬念式布局：使读者急迫期盼答案 ··············· 131
- 5.3.4 总分总式布局：条理清晰地传递信息 ··············· 131
- 5.3.5 层递式布局：给读者酣畅的阅读体验 ··············· 133
- 5.3.6 片段组合布局：让文章脉络更清晰 ··············· 134
- 5.3.7 故事类正文布局：让读者产生代入感 ··············· 138
- 5.3.8 逆向思维正文布局：打破惯性思维的壁垒 ··············· 138
- 5.3.9 欲扬先抑布局：突出事物的发展变化 ··············· 139

5.4 运营升级：四大技巧让内容决胜千里 ··············· 140
- 5.4.1 语言风格：合适的才是最好的 ··············· 140
- 5.4.2 文章摘要：简洁明了，激发兴趣 ··············· 141
- 5.4.3 专业干货：让读者读有所获 ··············· 142

5.4.4 投票活动：提升用户的参与感 143

第6章 三位一体：人情 + 故事 + 形式 145

6.1 关乎人情：四大要素吸引读者关注 146
- 6.1.1 人格要素：彰显鲜明个性特征 146
- 6.1.2 魅力要素：增强粉丝凝聚力 148
- 6.1.3 以情动人：用情感打动读者 148
- 6.1.4 情感弱点：击中读者内心的柔软处 150

6.2 着眼故事：5种方式激发读者兴趣 151
- 6.2.1 软文选题：四大特点必须掌握 151
- 6.2.2 故事挖掘：准确把握两大方向 152
- 6.2.3 故事题材：5种类型助力创作 154
- 6.2.4 故事感染力：延伸话题情感 156
- 6.2.5 故事场景感：打造完美场面 157
- 6.2.6 写作误区：三大问题重点关注 159

6.3 勿忘形式：抓住痛点和实用技巧 160
- 6.3.1 产品角度：起到更好的宣传作用 160
- 6.3.2 用户角度：挖掘购买兴趣和需求 162
- 6.3.3 旁观者角度：减少浮夸，增加信服感 163
- 6.3.4 价值意义：不辜负读者的阅读期待 164
- 6.3.5 使用情景：让读者看见产品的用处 166
- 6.3.6 短小精美：言简意赅，突出重点内容 166
- 6.3.7 流行词语：为文章注入新鲜血液 168

第7章 配图排版：高颜值引爆阅读量 171

7.1 文章配图：实现最佳视觉效果 172
- 7.1.1 主图：清晰漂亮，吸引眼球 172
- 7.1.2 侧图：美观吸引注意力 174
- 7.1.3 清晰度：背景有序，画质清晰 175
- 7.1.4 颜色：亮丽夺目，搭配舒适 175
- 7.1.5 角度：合理展示图片 177
- 7.1.6 光线：良好的视觉享受 178

- 7.1.7 尺寸：实现高清显示…… 179
- 7.1.8 美化：让图片更加鲜活…… 184
- 7.1.9 容量：选择效果最佳的格式…… 186
- 7.1.10 水印：彰显平台特色…… 187
- 7.1.11 GIF 动图：让图片动态十足…… 188
- 7.1.12 长图文：图文结合，提升点击率…… 190
- 7.1.13 二维码：打造与众不同…… 190

7.2 图片运用：8 种方式打动读者 194
- 7.2.1 体现情怀：胜过千言万语…… 194
- 7.2.2 增强互动：培养忠实粉丝…… 194
- 7.2.3 效果对比：营造真实感…… 195
- 7.2.4 感官催眠：提升认同感…… 196
- 7.2.5 产品创意：创新助力营销…… 196
- 7.2.6 身份代入：让文字人情化…… 197
- 7.2.7 描画场景：直观形象真实呈现…… 198
- 7.2.8 形象符号：扩大产品宣传力…… 199

7.3 排版设置：打造舒适视觉体验 200
- 7.3.1 开头：两种方式引导关注…… 200
- 7.3.2 要点：加粗＋调色＋图片…… 201
- 7.3.3 黑灰色：官方账号略显庄重…… 204
- 7.3.4 字号：大小合适字体的效果好…… 205
- 7.3.5 间距：3 种类型把握好…… 206
- 7.3.6 配色：搭配适宜，突出重点…… 210
- 7.3.7 图文配：注意搭配更舒适…… 213
- 7.3.8 白底：去除残留痕迹…… 214
- 7.3.9 结尾：设置引导关注…… 215
- 7.3.10 分隔线：提醒与舒适感…… 216
- 7.3.11 风格：取长与积累素材…… 217
- 7.3.12 编辑器：丰富软文排版…… 217

第 8 章 营销推广：热点＋痛点＋话题 225

8.1 热点：引爆传播的秘密 226
- 8.1.1 关系解读：分析热点与软文…… 226

8.1.2　抢速度：抓住机会快人一步⋯⋯⋯⋯⋯⋯⋯⋯⋯⋯⋯⋯⋯⋯ 227
　　8.1.3　有深度：掌握 4 类切入角度⋯⋯⋯⋯⋯⋯⋯⋯⋯⋯⋯⋯⋯ 229
　　8.1.4　热点标题：两种情况具体分析⋯⋯⋯⋯⋯⋯⋯⋯⋯⋯⋯⋯ 231
8.2　痛点：满足用户的渴求⋯⋯⋯⋯⋯⋯⋯⋯⋯⋯⋯⋯⋯⋯⋯⋯⋯⋯⋯ 232
　　8.2.1　痛点思维：满足用户期望价值⋯⋯⋯⋯⋯⋯⋯⋯⋯⋯⋯⋯ 232
　　8.2.2　宣传推广：解决用户的不满情绪⋯⋯⋯⋯⋯⋯⋯⋯⋯⋯⋯ 233
　　8.2.3　思维应用：三大特征必不可少⋯⋯⋯⋯⋯⋯⋯⋯⋯⋯⋯⋯ 234
　　8.2.4　痛点利用：打造出差异化体验⋯⋯⋯⋯⋯⋯⋯⋯⋯⋯⋯⋯ 236
　　8.2.5　痛点设置：两种途径完美实现⋯⋯⋯⋯⋯⋯⋯⋯⋯⋯⋯⋯ 237
8.3　话题：对焦用户关注点⋯⋯⋯⋯⋯⋯⋯⋯⋯⋯⋯⋯⋯⋯⋯⋯⋯⋯⋯ 238
　　8.3.1　人性化：自然属性 + 社会属性⋯⋯⋯⋯⋯⋯⋯⋯⋯⋯⋯⋯ 239
　　8.3.2　热点化：社会舆论 + 时事造势⋯⋯⋯⋯⋯⋯⋯⋯⋯⋯⋯⋯ 240
　　8.3.3　揭秘式：疑云重重引起注意⋯⋯⋯⋯⋯⋯⋯⋯⋯⋯⋯⋯⋯ 242

第1章

写作前期：磨刀不误砍柴工

学前提示

随着微信平台应用的扩大和微信用户的增加，微信公众号运营也有了很大的发展，企业、机构和个人纷纷迈入微信公众号运营的行列。

那么，在微信公众号运营之前，需要进行哪些方面的准备工作呢？本章将就这一问题进行详细论述。

要点展示

◎ 了解：公众号运营知多少
◎ 调研：深入理解，做好定位
◎ 准备：了解大势，找寻爆点

1.1 了解：公众号运营知多少

关于怎样运营微信公众号，在笔者看来，主要可以从思想和认识角度去思考，也就是说，企业、机构和个人在运营公众号之前应该对微信公众号运营做一个调研，特别是关于标题、中心、转发量的错误认识，以期在平台运营过程中能够避免，并能更好地把握中心工作。

1.1.1 运营：推送文章就是平台运营吗

对于微信公众平台上的成功营销案例，一些人认为这完全是公众平台推送软文的结果。在他们看来，平台上精心写作或选择的一篇篇软文在具有很大内容价值的情况下能吸引众多读者的关注，从而为平台吸引众多忠诚粉丝。基于此，他们就理所当然地认为，微信公众号的运营，其实就是在平台上发文章，这样就可以引导人们关注平台了。

然而，他们没有想到的是，同样是发文章，有的平台的关注就非常少，有的就极多。有的软文关注量和分享几乎没有，有的却是在源源不断地吸引着人们阅读。只要注意到了平台和软文运营中的这些情况，那么关于"推送文章就是平台运营"的错误认识就不会出现。

另外，在进行平台运营之前，除了要摒除"推送文章就是平台运营"的错误认识外，还应该认识到，大多数流量少和关注度低的平台可能还存在两个准备工作方面的问题，如图1-1所示。

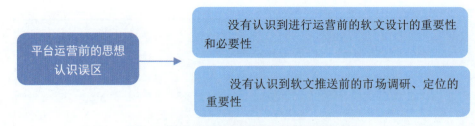

图1-1 微信公众平台运营前的思想认识误区

1.1.2 标题：吸引力决定打开率

在微信公众平台上，读者会很容易地发现，软文一般都是以标题列表形式显示出来的，当然，有时候还会在标题下显示精美的图片和吸引人的摘要，如图1-2所示。

图 1-2 微信公众号软文显示方式

精美的软文标题是吸引点击量的一个重要方面，因此，微信公众号运营者在进行运营前就要思考有关标题的两个问题。

- 从哪几个角度设置标题才能具有吸引力？
- 在标题和内容的关系处理上应该怎样做？

关于第一个问题的思考，具体来说，应该从两个有关读者的利益点着手，即抓住读者痛点、点出能带给读者的利益和作用。

关于第二个问题，主要是相对于目前盛行的标题党而言的。当然，在此也不是完全摒弃标题党的做法——一个吸引人的标题还是很重要的，只是要求运营者在之前应该做好处理标题和内容的关系的思想准备。换言之，就是要求运营者和撰写者在想着怎样去设置一个吸引人的标题的同时，也要在内容上有着充分的准备，提供给读者的是优质、有价值的原创内容，只有这样才能相得益彰，从内到外牢牢地吸引住读者。

1.1.3 中心：主要内容要明确表达

所谓"中心"，在此，主要是要求软文有一个明确的中心思想，这是撰写一篇软文的最基本要求。如果一篇文章是东拼西凑而来，节与节、段与段之间各自为政，读者阅读的时候就会有一种不知所云的感觉。因此，在撰写软文之前，运营者首先应该问自己以下两个问题。

- 平台内容的关键词是什么？
- 每一篇软文的成文的关键词和角度是什么？

就如一个名为"手机摄影构图大全"的微信公众号,在运营之前,从其名称上就可看出,其平台的内容运营中心是"构图"和"手机摄影",且更侧重于前者;而平台软文成文的关键词和角度可从多个角度切入,如光影、光源等有关光的构图,透视构图、水平线构图、垂直线构图、斜线构图、C形构图等有关形状的构图,早、中、晚等有关时间的构图,公园、街道、酒店等有关地点的构图……多方面、多角度呈现,不一而足。

有关上面提及的平台和软文的中心设置,是运营者在运营前必须解决的问题,否则,无论是微信公众平台,还是平台内容——软文,都将是一盘散沙,无法集中表现出它的优势和打造出完美的品牌形象。

下面以软文为例,具体介绍其缺少中心的原因所在,帮助读者避免在软文撰写中出现同样的问题。

1. 构建框架的缺失

任何一篇软文都会有一个基本的逻辑结构,如总分总、分总、总分、递进等,有利于软文的高效撰写,否则,在文章中无法找出其写作脉络,也无法告诉读者事情的发展进程,这种缺乏框架构建的软文必然是会半路夭折的。

软文缺乏的框架应该怎样构建呢?具体构建流程如图1-3所示。

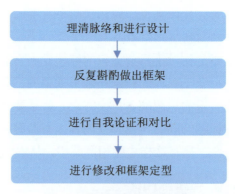

图1-3 软文框架的构建流程

2. 排版紧凑,欠缺留白

读者在阅读软文时,软文排版和留白也是影响其能否全部读完的重要因素,一篇没有特定版式和间距不够的软文,即使内容再精彩,也不会被读者所欣赏。因此,在运营前要思考怎样去安排版式和进行留白处理,以便能在软文撰写过程中适当留白(特别是小标题和重点章节前后),这样既可以带给读者好的阅读体验,也能给予读者适当的思考空间，不至于因眼花缭乱而导致缺乏读下去的耐心，以致流失粉丝。

1.1.4　转发量：软文疯传的必备要素

在心理建设上解决了标题和中心的基础上，接下来要求运营者思考的是有关转发量的问题。

在微信公众号运营中，有些账号运营者往往会有一些这样的疑惑：平台发布的内容是优质的、有价值的和有中心的原创内容，标题也足够吸引人，为什么关注的人还是那么少呢？假如出现这样的问题，那么运营者就有必要继续思考上面提及的问题了。这一问题其实是在微信公众号运营前就应该考虑好的。

公众号运营者想要提升转发量，就必须从两个方面着手：一方面是在软文结尾暗示读者转发，另一方面是提供福利诱惑读者转发。

1.2　调研：深入理解，做好定位

在了解了市场调研的含义、作用和方法的情况下，接下来就是进行市场调研了。在此，微信公众号运营者需要做好两个方面的准备工作，即对外的调研对象确定和对内的运营定位，如图1-4所示。

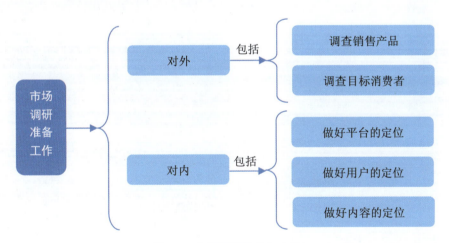

图1-4　市场调研的准备工作

1.2.1　消费者：寻找目标精准定位

从理论上来说，对销售产品而言，每一个社会成员都有可能是消费者，但在实际应用中,任何产品都不可能把所有人当作其目标消费者,它应该有一个特定的产品服务人群和范围,这些特定的服务人群就是该企业产品的目标消费者。而目标消费者的确定,是需要进行深入的市场调研才能得出准确结果的。针对目标消费者进行的调查,主要包括两个方面的问题:一方面是目标消费者的消费行为调查,另一方面是目标消费者的产品印象调查。

关于目标消费者调查的两个方面,具体内容如下。

1. 消费行为调查

关于目标消费者的消费行为方面的调查,主要应该从 4 个方面着手,具体如图 1-5 所示。

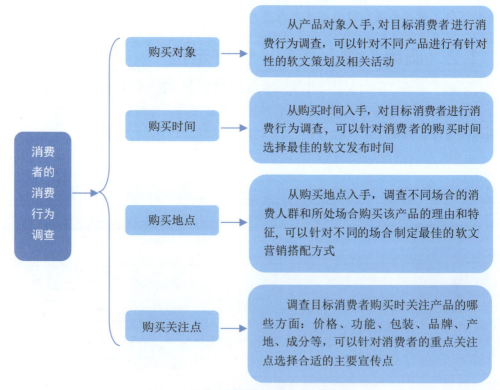

图 1-5　目标消费者的消费行为调查分析

2. 产品印象调查

目标消费者对产品的印象,主要包括其对产品的了解程度、好感程度和具体看法等,这是由产品的客观质量和主观质量决定的。其中,产品的客观质量是产品本身所具有的，是不可改变的事实，所以在此主要介绍产品的主观质量对消费者的影响。

所谓"产品的主观质量"，即目标消费者的心理需求能够获得满足的产品或服务价值，具体内容如图1-6所示。

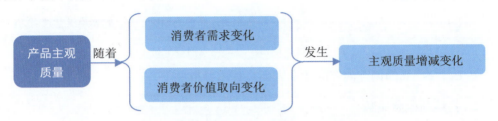

图1-6　目标消费者的主观质量变化情况分析

1.2.2　产品：先调研才有发言权

调查销售的产品，其实质是了解销售产品的众多方面，它是市场调研的一个重要组成部分和关键内容。没有调研，对产品的特点不够了解，就无法写出具有说服力的软文，所以一定要进行产品调研，先调研才有发言权。关于销售产品的调查，其具体内容如图1-7所示。

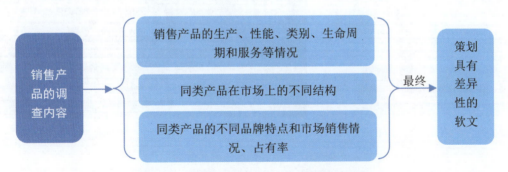

图1-7　市场调研的销售产品调查内容分析

在市场调研的销售产品调查中，需要体现由此及彼、由己及人的逐渐深入的感觉，也就是说，先要在自身产品上下功夫进行调查，然后与市场上的其他同类产品进行对比，才能达到最佳的调查效果。在此，重点介绍对自身产品的调查，主要内容如图1-8所示。

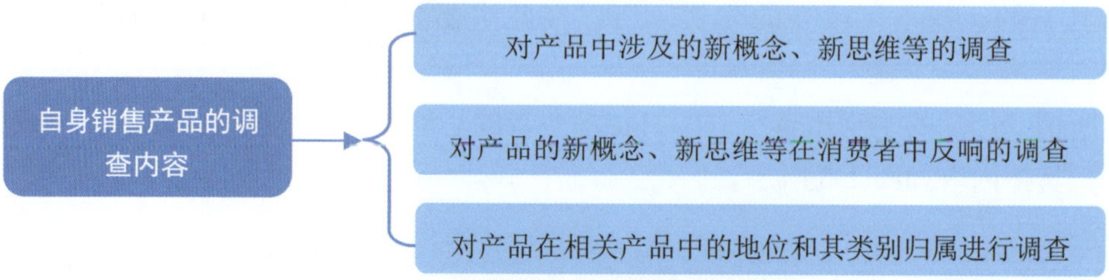

图 1-8　自身销售产品的调查内容分析

关于自身产品的调查内容的 3 个方面，具体分析如下。

1．打造新概念品牌

所谓"产品的全新思维"，即在产品和服务领域中将要展现的具有全新意义的新概念、新思维等。基于某一新概念、新思维，产品和服务能够带给消费者全新的生活享受，如蒙牛乳业全新品牌"慢燃"提出的"轻轻享，慢慢'燃'"的新思维和雪碧体现"年轻活力"的新概念，如图 1-9 所示。

（1）　　　　　　　　　　　（2）

图 1-9　产品和服务中的新概念

在消费者越来越重视健康和轻盈的趋势下，蒙牛的新品牌"慢燃"为消费者健康和轻盈需求增添了新选择："慢燃纤维奶昔牛奶"，每瓶热量仅约 195 千卡，为一顿正餐的三分之一，能够增强饱腹感，让消费者每一天都与轻盈相伴。而雪碧，基于"年轻活力"的口号，在产品调研的基础上，打造了"年轻酷爽"的主题品牌。

2．检测产品样品新概念

对产品的新概念、新思维等在消费者中反响的调查也是对产品样品检测内容的一个方面。从具体涉及的内容来说，它还包括消费者对产品的喜好反应和售后出现的问题等方面。从软文营销方面来说，对产品样品的检测是其营销理念是否继续坚持的判断标准，具体如图1-10所示。

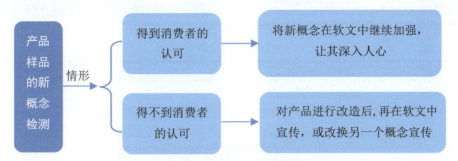

图1-10　新产品样品检测的新概念反应调查

从这一方面来说，小米手机的"高性价比"就是运用得非常成功的一例品牌，如图1-11所示。

图1-11　小米手机的"高性价比"概念体现

3．调查产品属性和类型

对产品而言，它总有着其所属类型和体系，因而，对销售产品的调查也应该包括对其类型和体系的调查这一方面，具体内容如图1-12所示。

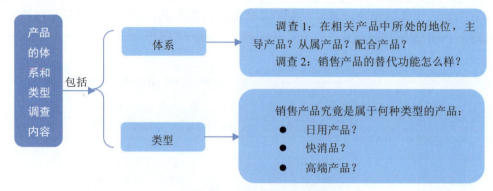

图 1-12 产品的体系和类型调查分析

只有在保证了产品类型和体系调查结果准确的情形下,才能使产品的软文策划和设计更具有目标性和针对性,才能为产品的软文营销提供帮助。

1.2.3 平台定位:决定发展基调

在微信公众号运营中,首先应该确定的是企业所要运营的平台是什么类型,以此来决定平台的基调。平台主要包括学术型、恶搞型、创意型、媒体型和服务型这5种类型。

在做好平台定位时,应该根据自身条件的差异选择具有不同优势和特点的平台类型,具体分析如图 1-13 所示。

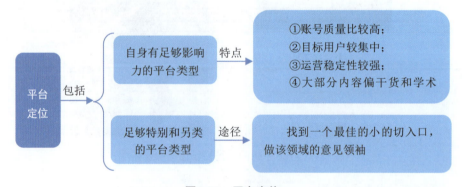

图 1-13 平台定位

在微信公众号运营中,可通过网红、90后创业奇才、行业意见领袖、BAT 背景和学术范儿这5种途径更好地实现平台定位。

另外,在定位平台、选择何种平台类型的同时,还应该对平台的自定义菜单进行相应规划,以便能够清楚地告诉用户"平台有什么"。对自定义菜单进行规划,其实质就是对其功能进行规划，它可从 4 个维度进行思考和安排，如图 1-14 所示。

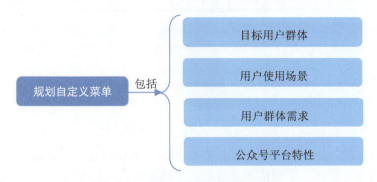

图 1-14　规划自定义菜单的思考维度

值得注意的是，做好平台定位是非常重要的，要慎重对待，因为只有做好了平台的定位，并对其基调进行了确定，才能做好下一步要进行的用户运营和内容运营策略，最终促成平台更好地发展。

1.2.4　用户定位：明确人群特性

在企业的微信公众号运营中，确定明确的目标用户是其中至为重要的一环。在进行平台的用户定位之前，首先应该要做的是了解微信公众平台针对的是哪些人群，他们具有什么特性等问题。关于用户的特性，一般可细分为两类，如图 1-15 所示。

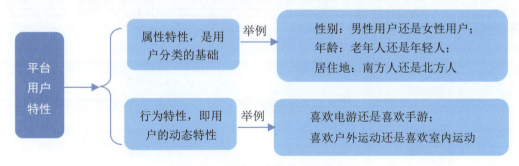

图 1-15　平台用户特性分类分析

在了解了用户特性的基础上，接下来要做的是怎样进行用户定位。在用户定位全过程中，一般包括 3 个步骤，具体内容如下。

（1）数据收集。可以通过市场调研等多种方法来收集和整理平台用户数据，再把这些数据与用户属性关联起来，如年龄段、收入和地域等，绘制成相关图谱，这样就能够大致了解用户的基本属性特征。图 1-16 所示为某产品的用户年龄段分析。

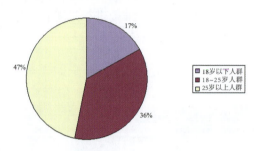

图 1-16　某产品的用户年龄段分析

(1) 用户标签。获取了用户的基本数据和基本属性特征后，就可以对其属性和行为进行简单分类，并进一步对用户进行标注，确定用户的可能购买欲和可能活跃度等，以便在接下来的用户画像过程中对号入座。

(2) 用户画像。利用上述内容中的用户属性标签，从中抽取典型特征，完成用户的虚拟画像，构成平台用户的各类用户角色，以便进行用户细分。

1.2.5　内容定位：发展整合互动

所谓"内容定位"，即微信公众平台能够提供给用户什么样的内容和功能。在平台运营中，关于内容的定位主要应该做好 3 个方面的工作，具体如下。

1．明确内容的发展方向

明确内容的发展方向是平台内容供应链的初始时期的工作，是做好内容定位的前提和准备，具体分析如图 1-17 所示。

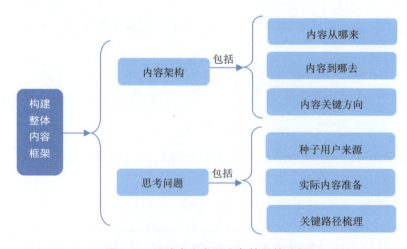

图 1-17　明确内容发展方向的具体分析

2．明确内容的展示和整合方式

在内容定位中，还应该明确运营阶段的内容的展示方式。在打造的优质内容的支撑下，怎样更好地展示平台内容，逐步建立品牌效应，是实现平台影响力扩大的重要条件。关于平台内容的展示方式，一般分为4种，如图1-18所示。

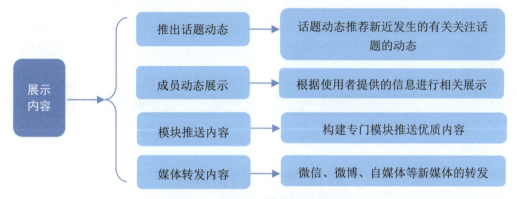

图1-18　优质内容的展示方式分析

在内容展示过后，接下来更重要的是要明确内容的整合方式，具体分析如图1-19所示。

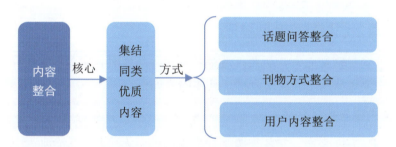

图1-19　明确平台内容的整合方式

3．明确内容的互动方式

除了应做好初始阶段和运营阶段的内容定位，还应该明确宣传阶段的内容定位，即怎样进行平台内容互动的问题。

企业与用户进行交流，更有利于微信公众平台内容的传播，使用户的接受能力更强，从而加深用户对微信公众号的信任度和支持度。在明确内容互动方式的定位过程中，需要把握几个关键点，如图1-20所示。

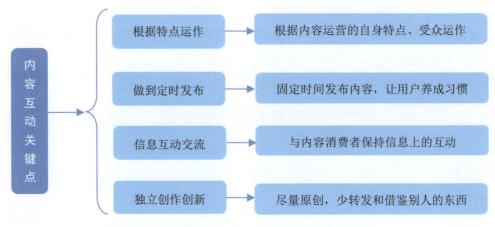

图 1-20　把握平台内容互动方式的关键点分析

1.3　准备：了解大势，找寻爆点

所谓"爆款"，对软文而言，就是点击阅读量高、人气很高的软文。爆款表现出来的特征又恰是每个微信公众号所要追求的目标。那么，微信公众平台软文应该怎样打造爆款呢？

1.3.1　背景：明确社会发展趋势

对微信公众号软文而言，想要打造爆款软文，考虑时代背景和趋势是必要的工作和选择，这主要可从两个角度来分析，具体内容如下。

1．软文内容与社会发展

从软文内容方面来看，它是来源于社会生活的，无论是宣传企业及其产品、品牌信息，还是各种评论和娱乐热点，都是在时代环境中存在的。图 1-21 所示为一篇根据房地产行业的发展现状而撰写的软文。

图 1-21　根据当前房地产行业发展背景而撰写的软文案例

根据当前存在的时代环境信息进行大胆而精准的分析，可以准确地预测未来的发展趋势和可能出现的常规性热点事件。可以说，这同样是对当前时代背景信息的思考和应用。

除了软文内容的来源外，软文的推送也是与时代背景的发展息息相关的。究其原因就在于"合时宜"。只有合乎时宜的事物才能被时代所认同，否则，即使是正确的思想和理念，在被验证前也是被认为是异类，不会被认同的，也无法让读者产生共鸣。

当然，这种未被验证的正确的思想和理念，在很大程度上，也是基于当前的时代环境而做出的正确的预判。因此，随着时代的发展，它们的正确性将被一步步验证，最终成为社会发展的前进方向和指南。

可见，软文的内容不管是从其来源还是从其推送的环境来说，都是与时代背景和发展趋势不可分离的。

例如，一个名为"手机摄影构图大全"的微信公众号上的软文，都是关于手机摄影的构图理念的，如图 1-22 所示，其是智能手机普遍应用、手机生产技术高速发展以及移动互联网发展的产物，是基于一定的时代环境而创建的一种新的宣传方式。同样地，微信公众平台的软文的投放也是合乎时宜的，假如在手机刚刚产生的时候，撰写这样的软文是无论如何也不可能成为爆款的，那个时候手机的功能只有打电话、发短信而已。而今随着移动互联网的不断发展，手机的功能越来越多，这样的软文才能成为爆款。

图 1-22 "手机摄影构图大全"公众号软文案例

2．软文读者与社会发展

软文的所有读者都是生活在一定时代环境中的人，他们的思想、思考方式和日常生活使用产品都受到时代的影响，因此，他们在接受信息的时候是有选择性的，且选择的是与时代环境和发展的前沿趋势相关的，或是存在于时代环境中的感兴趣的事物和思想。

对于读者的接受度来说，人们一般更容易选择大家所认同的，这会导致接受信息在一定程度上进一步扩大，进而让更多的人接受，从而形成爆款。

所以，从软文的读者方面来说，爆款软文的打造也是需要充分考虑时代背景和发展趋势的。

1.3.2 寻找：品牌传播核心点

产品或品牌软文之所以能成为爆款，就在于软文所宣传的产品、品牌或观点对读者而言是需要的、感兴趣的。

在此，以品牌软文为例，具体分析爆款软文的打造过程。

针对品牌，在进行微信公众号软文的撰写时，首先应该明白这一品牌的传播核心点在哪，应该怎样进行寻找和应用等问题。关于这些问题，主要涉及品牌传播核心点的 3 个层面，即基础层面、爆点层面和 All in 层面。

品牌传播核心点的 3 个层面是一个不断寻找和发展应用的过程，具体分析如下。

1．基础层面：多种方式形成

在基础层面上，企业和平台运营者是可以通过 SNS、IM、视频相机等多种方式对品牌传播核心点进行查找和记录的。在这一形成过程中，企业和微信公众号运营者应该有足够的耐心坚持下去，因为关于品牌传播核心点的基础层面的过渡是一个长期而稳定的过程，而不是一蹴而就即能实现的。

2．爆点层面：不断寻找尝试

经过基础层面的品牌传播核心点的信息积累，接下来就应该对其进行爆点寻找，找到品牌传播的核心和最合时宜的信息点，才有可能形成品牌传播爆点，从而过渡到品牌传播核心点的爆点层面。

关于由基础层面到爆点层面的过渡，也是需要有一个不断选择和尝试的过程的，有快速、轻量和多尝试的发展等特点。

3．All in 层面：集中推广引流

所谓"All in 层面"，即在爆点已经确定的情况下，接下来要做的就是要集中一切力量进行爆点打造，使之成为微信公众平台和网络爆点，这也是进行微信公众号推广的过程，能够有力地通过爆点来吸引流量。

综上所述，从某方面来说，基于品牌传播核心点的基础层面和爆点层面的发展，在 All in 层面终于形成了品牌传播核心点的无限延伸和不断发展。在这一发展过程中，企业应该对核心传播点不断打磨，并进行巧妙而广泛的应用，才能形成有品牌传播核心点的爆款内容。

1.3.3　运用：从内到外寻找爆点

上一节已经对爆点的形成做了简单介绍，那么，在这一过程中形成爆点的品牌传播核心点应该怎样寻找呢？在此，主要从对外和对内两方面出发进行具体介绍，内容如下。

1．外部

在爆点找寻过程中，首先应该对外部世界有一个清晰的了解，只有这样，才能使品牌传播核心点进行优化而形成爆点。对外部的信息借鉴和参考主要可从 5 个方面获得，如图 1-23 所示。

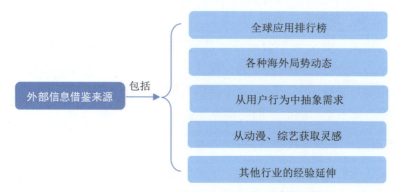

图 1-23　爆款内容爆点寻找的外部信息借鉴来源

2．内部

在借鉴了众多外部信息的基础上，再回过头来对自身企业和平台进行思考，是把外部信息爆点与内部品牌要点进行结合的过程。根据外部信息可以从两个角度进行巧妙运用，具体内容如下。

（1）模仿的创新。这是一种基于外部信息，利用其观点和其他优势，把与企业相关的内容替换进去而进行的创新。它更多的是关键词和品牌内容的更换，而不是外部软文和信息的彻底更改，因此，从一定程度上来说，它更多的是利用外部信息和软文的爆点以及巧妙的模仿方式，最终实现爆点的打造。

（2）原创的创新。这是一种基于企业或品牌的原创内容，把外部信息的传播热点和信息爆点巧妙地植入微信公众号软文内容中而形成的爆点打造方法。在这一方法中，外部信息的传播热点和信息爆点只是公众号平台内容传播的一种切入方式，它更多地保持了平台的整体特色和原创水准，是一种更符合公众号发展的爆点打造方法。

第2章
制造爆款：写软文要注意什么

学前提示

打造爆款软文有很多需要注意的问题。本章主要讲述了吸引用户关注、细节体验和软文写作的常见误区三个问题，以期帮助读者在写作软文时了解重要的注意事项，在写作中不犯错误，为更好地打造爆款软文做好准备工作。

要点展示

◎ 爆款运营：吸引关注，留住用户
◎ 重点关注：注意细节，提升体验
◎ 小心谨慎：软文撰写的常见误区

2.1 爆款运营：吸引关注，留住用户

在媒体平台快速发展的时代环境下，人们可选择的关注点越来越多。对企业、商家而言，怎样赢得更多的用户关注以及怎样赢得用户更多的关注是急需解决的两个问题。在软文的宣传形式范围内，一般提及的是利用各种方式打造具有吸引力的软文的表现，如图 2-1 所示。

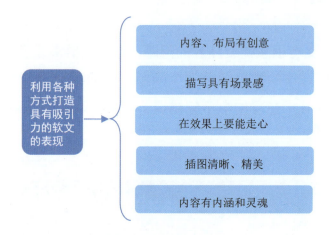

图 2-1　利用各种方式打造具有吸引力的软文的表现

图 2-1 中提及的 5 个方面之所以只称为"表现"而非"因素、理由"等，其原因就在于它们并非真正意义上能引起读者关注的理由，它们只是读者在关注后，提升其阅读兴趣和用户黏度的因素。真正能起到引起用户关注的原因只在于两个方面：一是分析用户现在关注的是什么，二是对易被他们认为"与我有关"的信息进行综合。

基于用户关注的目标和"与我有关"的信息这两个方面，微信公众号的软文撰写者可从 3 个角度入手去吸引用户关注，如图 2-2 所示。

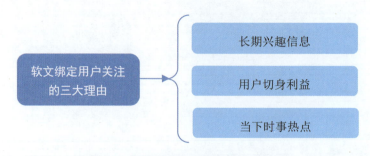

图 2-2　软文绑定用户关注的三大理由

除了图 2-2 介绍的 3 个角度之外，还可以从另外 3 个方面来吸引用户关注，即规划内容、运营策略和宣传推广。只要运营者掌握了这 6 个方面的内容，就不愁用户不关注你了。

2.1.1　兴趣爱好：吸引读者

在长期的用户生活中，总会形成一定的兴趣、爱好，或是在一定的时间范围内，因为某些方面的原因而对某一领域和方面感兴趣。如果在软文撰写过程中运营者从其长期感兴趣的一个方面着手，将软文标题、内容与之绑定，这样的结果必然是极易引起读者关注的。

例如，一个名为"手机摄影构图大全"、以展现摄影构图技法内容的微信公众号，在某一自媒体平台发布了一篇题为"原来美剧大片儿也讲究构图，难怪这么多人喜欢看！"的软文，瞬间就吸引了读者的关注，引发了诸多评论，如图 2-3 所示。

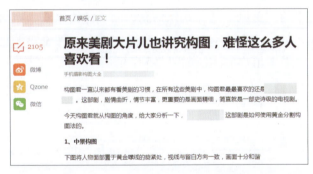

(1)

(2)

图 2-3　自媒体平台软文案例

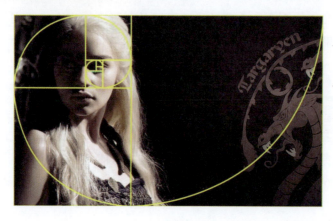

（3）

图 2-3　自媒体平台软文案例（续）

图 2-3 中的软文，本是发布在"旅游"板块的，却成了"娱乐"板块的头条，可见，人们感兴趣的是其中的"美剧"这一娱乐信息，而从评论来看，也大都是对美剧这一角度而引发的评论，如图 2-4 所示。而某一自媒体平台的评论热潮也为该篇软文在微信公众平台上赢得了更多用户关注，如图 2-5 所示。

图 2-4　针对兴趣点引发的评论

相较于一般的摄影构图类软文来说，这一篇结合了"美剧"这一大众兴趣关注点的软文的阅读量和评论数是明显增多的。可见，利用读者的长期兴趣信息来吸引用户关注，是提升用户阅读体验和绑定用户关注的重要原因所在。

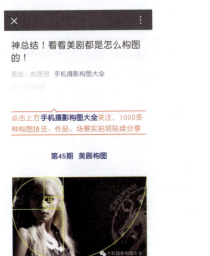

图 2-5 微信公众号阅读量展示

又如,"减肥"是一个有关人们长期兴趣的话题,一个名为"小羽私厨"的微信公众号就针对这一兴趣点出发,发布了题为"每顿一大碗,能吃饱的减肥餐"的软文,如图 2-6 所示。

图 2-6 "小羽私厨"软文案例

只要是在一段时间内关注减肥或追求美的人士都会对减肥餐感兴趣而选择点击阅读,软文撰写者为读者提供了一个足以支撑他们去关注和阅读的理由。假如撰写者只是一味地去强调美食的美味等,那么从起点上就稍逊一筹了。

2.1.2 切身利益：吸引关注

在社会生活中，总是存在着与人们的切身利益息息相关的话题和关注点，如出行的人会关注目的地的天气信息，进行股票投资的人会关注股市行情和相关行业政策变化，以及人们会普遍关注的养老政策的变化等，这些都是基于切身利益而予以关注的方面。

在微信公众号运营中，软文撰写者基于众多读者的利益点进行切入，找准读者关注的理由，而撰写的软文不难引起读者点击阅读。

例如，2018年发布的有关汽车报废的新规定，这是与有车一族密切相关的政策。针对这一新规定，微信公众号"汽车迷"推出了一篇题为"2018年汽车报废新规定，你的爱车还能开多久？"的软文，如图2-7所示。对这一问题感兴趣的朋友会不由得被吸引而自发阅读的。

图2-7 "汽车迷"软文案例

又如，在如图2-8所示的微信公众号"新东方酷学英语"平台软文"四六级倒计时9天，学渣必备的10大通关锦囊│写作＆翻译篇"中，绑定了即将到来的"四六级考试"这一与某一群体的切身利益相关的信息，那些正在忙着准备四六级考试的考生、家长和老师是很容易被吸引进入内容关注圈内的。

在这一篇软文中，与考生利益相关的"四六级考试"为关注者提供了一个增加关注的理由，由此而绑定了相关领域和多个方面的关注者。

由上面两类可以看出，只要能找准用户的利益关注点，写出吸引用户关注微信公众平台的软文也就不是一件非常困难的事了。

制造爆款：
写软文要注意什么

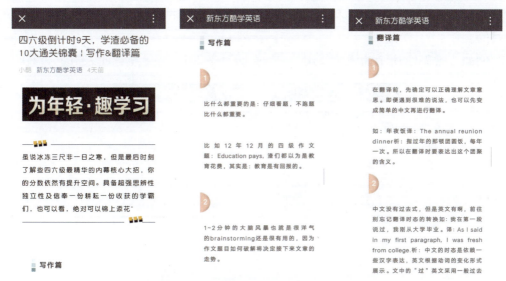

图 2-8 "新东方酷学英语"软文案例

2.1.3 热点话题：引人注目

所谓"热点"，就是在一定时期内，容易受到人们关注的话题或信息，主要包括两个方面的内容，如图 2-9 所示。

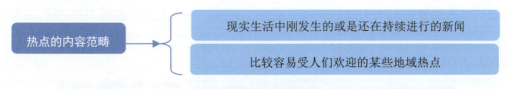

图 2-9 热点的内容范畴介绍

更重要的是，这种热点是可以在纵向深入和横向延伸方向进行衍生的，如图 2-10 所示。

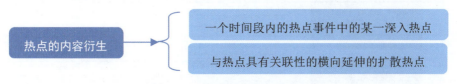

图 2-10 热点的内容衍生分析

"热点"之所以称其为"热点"，就在于备受人们关注和分享，关注者基数决定了热点的吸引力之大。在关注者众多的环境下，假如微信公众号的软文撰写者可以在软文标题和内容中嵌入热点话题，就会极大地提升软文的搜索率，从而实现软文引流的目的。

例如，图 2-11 所示为微信公众号"果壳网"在 2018 年高考期间发布的一篇软文。

图 2-11 "果壳网"软文案例

这是一篇通过高考考题这一热点来绑定读者的平台软文，在大众普遍关注的热点事件影响下，获取巨大的关注也就不足为奇了。

又如，微信公众号"证商阅读"针对"城市抢人大战"这一热点事件发布了一篇题为"突然爆发的抢人大战，终将深度改变中国！"的软文，如图 2-12 所示，为急于了解这一问题的读者提供了关注的理由和途径，是一篇很好地利用热点消息来吸引读者注意的软文。

图 2-12 "证商阅读"软文案例

2.1.4　规划内容：井井有条

在微信公众号运营过程中，其内容应该在平台建立之初就有一个大致的定位，并基于其内容定位进行安排，也就是需要微信公众号的运营者做好平台的内容规划。这是保证公众号顺利运营下去的有效方法。

如微信公众号"手机摄影构图大全"就对平台的内容进行了前期规划，并在软文中进行了清楚的呈现，可以让读者更好地明白公众号的信息获取所涉及的范围，如图 2-13 所示。

图 2-13　"手机摄影构图大全"的整体内容规划

另外，微信公众号的爆款软文打造还需对一个时间范围内的内容做出规划。这样，可以使得微信公众号的内容在一个时间段内有一定的关联性和逻辑性，避免读者产生阅读的杂乱感。其解决方法是，对一段时间内的微信公众号软文以某一主题为中心进行内容构建（如图 2-14 所示），把这一段时间内的软文都准备好。这样既能保证公众号软文的有序性，又能让运营者有软文可发，满足读者的阅读期望心理。

图 2-14　微信公众号一个时间段内的主题软文发布

2.1.5 运营策略：增强依赖性

对于微信公众号来说，有规律并进行了一定规划的运营策略是能够让读者和粉丝产生依赖的，是一种很好地提升粉丝忠诚度的方法。那么，应该怎样运营才能让粉丝更具依赖感？具体来说，可从以下两个方面入手。

1．推送时间

在微信公众号运营过程中，运营者应该对时间进行规划，即确定好微信公众号的软文发布时间。在确定微信公众号软文的发布时间上，运营者应该思考：在什么时候发送微信公众号软文比较合适？哪个时间点的阅读率最高？

众所周知，用户在收取信息的时候，会有这样一个规则，就是在后面发送的微信公众号软文会在先发的内容的前面，也就是说，在订阅号中的显示顺序和信息发送时间是呈反比的关系的，即谁最后更新，谁就排在最上面。因此，选择合适的发送时间对于微信公众号运营者来说是非常重要的一件事。

那么推送的具体时间怎么定呢？笔者总结出了几段最适合微信公众号运营者推送软文的时间段，如图 2-15 所示。

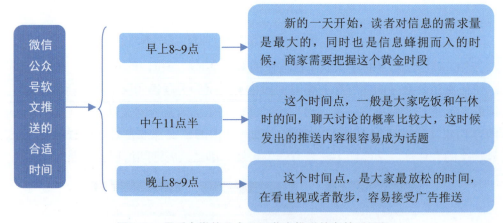

图 2-15　最适合微信公众号运营者推送信息的时间段

在了解了最佳的信息推送时间后，微信公众号运营者首先要做的事是选择一个时间点固定、准时地推送信息。

另外，在推送时间安排上，不仅仅是指每天的软文发布时间，还包括平台的软文发布频率。对于企业号来说，按要求是可以每天发布一次的，因此，微信公众号运营者应该在这一限制范围内确定自身平台的软文发布频率，是一天一篇，还是两天一篇，抑或是间隔更长时间发一篇，运营者可以根据自身能力进行合理设置。

在设置了频率的基础上，以这一软文推送频率稳定而长期地保持软文的发布，在这样的情况下，就不需要读者时刻去查看该微信公众号是否推送了信息，久而久之，就会形成阅读习惯——到发布时间就主动去点击阅读微信公众号软文的习惯。

2．推送内容

除了利用固定的推送时间和推送频率让读者产生依赖心理外，还可以利用内容的推送形式让读者产生依赖心理，如采用内容分批推送的方式，把要发布的软文和软文主题分成一个个章节来推送，营造一种相互连接的软文内容形式，可以让粉丝产生一个时间段的阅读习惯——在固定的时间去等待软文的发布并点击阅读。

图2-16所示为微信公众号"手机摄影构图大全"发布的为期16天的欧洲旅游方面的部分摄影构图软文，作者利用一个连续时间内的活动来组织软文，可以在每天的固定时间内引领读者去认识欧洲，了解构图，直到与某一主题相关的软文内容写完，然后读者又将在公众号的引导下期待新的主题的软文。周而复始，这将对提升公众号粉丝的忠诚度和黏性有着巨大的作用。

图2-16　"手机摄影构图大全"的同一主题软文案例

2.1.6　宣传推广：坚持不懈

对于微信公众号来说，其平台内容的运营既是一项非常重要的工作，也是一场微信公众号宣传和推广的持久战。

在目前的软文营销推广环境中，有的客户一天发好多篇，天天发；但也有的客户一年发一次、两次。笔者了解到，许多推广客户觉得软文可以做些口碑，但是直接带来客户还是少的，因此只是在工作之余才发几篇文章。

其实，软文营销是一个长期过程，别想着只发一篇软文就能带来多少的流量，带来多么大的效益；也不是"三天打鱼，两天晒网"，不是今天发十篇，下个月想起来了再发几篇，毫无规律。

软文营销，从其实质上来说，并不是直接促成成交的推广，但长期有规律的软文发布可以提升企业品牌形象，提高潜在用户的成交率。潜在用户一般是通过广告认识企业，但最终让他们决定购买的往往是长期的软文催化。当用户长期见到这个品牌软文，就会不知不觉地记住它，潜意识里会形成好印象，当用户需要相关产品时，就会购买了。

因此，在微信公众号运营中，软文的撰写和发布是不能缺乏长期坚持的精神的，"坚持就是胜利"对微信公众号运营而言，并不只是说说而已，它要求去具体地实施，并在这一过程中获取胜利的目标。对于坚持而言，它有两个方面值得运营者注意，具体分析如下。

1．保持方向的正确性

只有保证在坚持的过程中方向的正确性，才不会有与目标南辕北辙的情况出现，才能尽快地实现营销目标。

在微信公众号运营中，方向的正确性具体可表现在市场大势的判断和营销技巧、方式的正确选择上。

2．保持心态与行动的持续性

在公众号推广过程中，必须在心态上保持不懈怠、在行动上继续运营下去，才能获得成功。也就是说，需要企业或商家长久、坚持不懈地经营才能有所斩获。一般来说，这一层面上的坚持涉及两个方面的内容，具体如下。

（1）坚持的必要性。从这一层面来说，只有拥有坚持下去的态度和勇气，才能推动微信公众号的宣传和扩大影响力，从而有利于其自身发展和成长，其作用具体表现在 4 个方面，如图 2-17 所示。

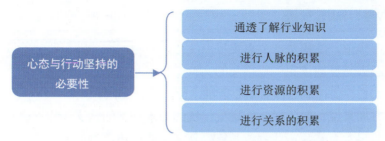

图 2-17　微信公众号运营过程中在心态与行动上坚持的作用分析

（2）坚持的途径。从这一层面来说，就需要为读者解读从哪些方面坚持可以为微信公众号的运营和推广提供巨大支撑的问题。对于微信公众号而言，运营者主要是应该保持自身与客户、自身与竞争者之间的关系，具体表现在 4 个方面，如图 2-18 所示。

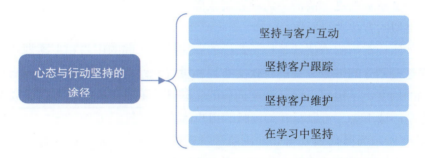

图 2-18　微信公众号运营过程中在心态与行动上坚持的途径分析

2.2　重点关注：注意细节，提升体验

对于微信公众平台的软文撰写者而言，软文是向用户推广和营销的产品，是需要在用户体验上进行重点关注的。关于软文这一产品的用户阅读体验，还有几个认识方面的问题需要进行了解和提升，如图 2-19 所示。

图 2-19　软文阅读体验提升的认识领域问题介绍

2.2.1　篇幅：知道变通

在软文写作中，篇幅是一个需要重点注意的问题。因为随着时代的变化，人们越来越没有耐心去完整地读完一篇很长的文章了，因此，在软文的篇幅上，要尽量进行精简，不能太长，要控制在读者耐心能够承受的范围之内。

从这一方面来说，要怎样才能避免传统的力求翔实的软文写作误区和提升软文阅读的用户体验呢？尤其是一些需要长篇幅软文才能论述清楚的问题，将从何着手？具体来说，可从两个方面着手，分析如下。

1．系列成篇

平时在写文章时，假如篇幅太长，可以选择添加小标题、分隔线等方式对文章进行调整，使文章脉络更加清晰，为读者阅读提供方便。在微信公众号软文的撰写上也可以采用类似的方法进行操作。

其中，比较常用的方法就是把长篇幅的软文按照不同的中心和主题划分为多个部分，再对这些划分的部分分别进行软文布局和设置标题，以便使其独立成篇。这样处理长篇幅的软文，不但可以保证软文内容的完整性，更重要的是，可以让读者在阅读的时候有耐心读下去，可以提升阅读时的用户体验。

图2-20所示为微信公众号"油画院"推送的名为"油画欣赏"的系列软文，系统讲述油画大师的经典油画理念和在油画方面的成就。

图2-20　微信公众号"油画院"的"油画欣赏"系列软文

另外，还有一些微信公众号的所有软文都是在一个关键词的引导下的系列文章，以期全面陈述与关键词相关的软文内容，做到面面俱到，层层深入，这也是一种很好的"软文系列"成篇的写作提升。

图 2-21 所示为微信公众号"手机摄影构图大全"的"构图"系列软文。

图 2-21　微信公众号"手机摄影构图大全"的"构图"系列软文

2. 开篇点题

所谓"开篇点题",即在软文的开头就表明文章的中心思想,让读者在第一时间就能明白你接下来要说的是什么,实现与软文标题的紧密衔接。这种开篇点题的方法是避免文章拖沓冗长和长篇幅的重要方法。

利用开篇点题的方法,有利于突出中心,明确、清晰地表明文章的观点和中心内容,相较于那种在软文开头论述了很长一段内容还不知目的所在的软文来说,读者会明显觉得阅读"开篇点题"软文的用户体验更佳。如果读了很长时间还是没有找到文章的重点,会让读者觉得非常浪费时间。

图 2-22 所示为一些微信公众号上开篇点题的软文案例。

图 2-22　开篇点题的软文案例

2.2.2 产品：无痕植入

从软文的作用来看，在其中植入广告是必需的。因此，怎样植入广告和植入多少广告就成为微信公众号运营者和软文撰写者首先要思考的问题。

在软文中植入广告，既然要毫无痕迹地植入，那就要求植入的广告不能太多，否则，再好的方式、方法也不能遮掩其广告的痕迹。

而想要毫无痕迹地植入广告，利用举例的方式进行软文撰写无疑是最好的方法，具体分析如图 2-23 所示。

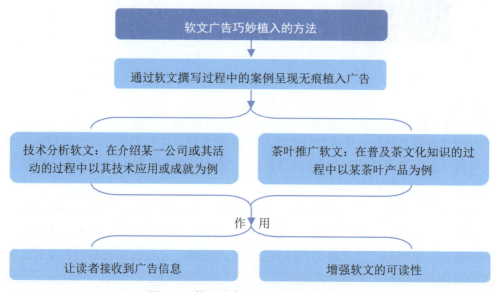

图 2-23 软文广告巧妙植入的方法分析

2.2.3 包装：拒绝硬广

当产品或品牌无法毫无痕迹地植入软文中时，微信公众号运营者和软文撰写者应该毫不犹豫地舍弃软文中植入广告的形式，因为太过直白的广告信息是没有人愿意看的。在这种情况下，可以以读者感兴趣的方式直接呈现广告，如打折、优惠等促销方式，如图 2-24 所示。

相对于在软文中强硬地植入广告、利用"软文"大量地打广告的形式而言，发布促销信息无疑是一种不让人讨厌和反感的、更好的广告宣传方式。促销信息会给人一种有便宜可占的心理满足感。

图 2-24　微信公众号的促销广告直接推送

2.2.4　抄袭：撰写大忌

抄袭，在著作权范畴内指的是把别人的作品完全照抄或改变表达形式的行为。在微信公众平台上，运用抄袭方式撰写软文的现象比较常见。虽然这种做法可以在宣传的同时节省运营时间，然而长此以往，其运营和推广效果必然是极差的。

因为抄袭的推广软文在文章的点击阅读量、分享和转发率方面是无法达到预期效果的，反而会在用户体验方面造成不好的影响，由此而来的是对企业产品和品牌形象方面的损毁。

更重要的是，抄袭是一种违反国家著作权法律法规的行为，是要负相关法律责任的。随着网络平台的发展和相关法律法规的完善，相信网络著作维权也将登上新的台阶。届时，以抄袭软文维持运营的微信公众平台将何去何从，是其必须要思考和解决的问题。

2.2.5　转载：运营大忌

与抄袭不同，在获得著作权方许可的情况下，转载是可行的。然而转载的做法对于致力于微信公众号和产品、品牌推广的企业而言，却是不可取的。因为在微信公众号运营中，假如支撑平台运营的软文全部是或大多是转载而来，会使读者的信任感大打折扣，是微信公众号运营和推广过程中的大忌，危害分析如图 2-25 所示。

微信公众号运营
100000+ 爆款软文内容速成（第2版）

图 2-25　公众号频繁转载其他平台软文的危害分析

综上所述，微信公众号想要实现推广和打开知名度，进而吸引粉丝，就应该在软文内容上下功夫，力求利用原创软文来维持微信公众号运营，如图 2-26 所示，以便实现平台内容运营方面的重点提升，而不应该是利用抄袭、转载等内容借鉴的方式来完成。

图 2-26　微信公众号的原创类软文运营和推广

2.2.6　排版：美化处理

读者在微信公众平台上看到的表现形式精美的软文都是经过了编辑排版处理的，否则，即使软文内容写得再好、再有价值，读者都将对其不屑一顾。可见，排版这一看似不重要的后台工作是有着非常重要的作用的。

对于软文而言，排版是提升其档次和品质的非常重要的步骤，而认为其可有可无的微信公众号运营者和撰写者是在不知不觉中走入了认识误区的。具体来说，这一误区产生的主要因素有 4 个，如图 2-27 所示。

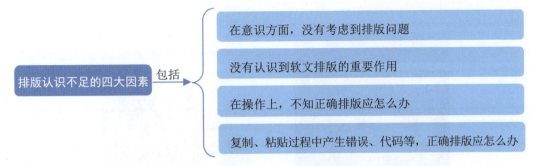

图 2-27　微信公众号软文排版认识不足的四大因素介绍

　　基于排版认识不足而出现的各种问题是影响微信公众号推广和读者阅读的重要方面，可以说，在排版方面存在问题的平台软文能产生诸多不好的影响，具体如图 2-28 所示。

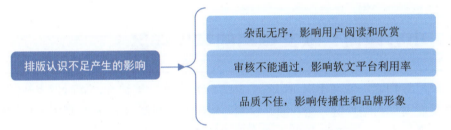

图 2-28　微信公众号软文存在排版问题产生的影响

　　在微信公众平台上，平台运营者如果想要获取更精美的软文排版呈现形式，可以借助第三方编辑器进行排版处理，以便在软文的排版方面得到充分的质量保证。图 2-29 所示为微信公众平台后台排版和借助第三方编辑器排版的软文呈现比较。

（1）微信公众号后台排版

图 2-29　微信公众平台后台排版和借助第三方编辑器排版的软文比较

(2)借助第三方编辑器排版

图2-29 微信公众平台后台排版和借助第三方编辑器排版的软文比较(续)

2.3 小心谨慎：软文撰写的常见误区

与硬广告相比，软文不仅可以提高品牌的知名度、美誉度，同时发表在门户站点的软文更能增加网站外链，提升网站权重。然而，想要撰写出一篇好的软文并非易事，它对撰写者的专业知识和文笔功夫有着很高的要求。

不少微信公众平台运营人员和文案编辑人员在创作软文时，往往因为没有把握好软文撰写的重点事项而以失败告终。下面就盘点一下软文撰写过程中常见的误区。

2.3.1 准备：忽略策划

软文营销的确需要发布软文，软文发布就是把软文发表到一些网络新闻媒体上，比如有资金支持的可以发布到新浪、163、QQ等门户网站；也可以发布到一些地方门户网站；还可以发布到A5、chinaz等站长网站，以及发布到SNS社区网站；当然，最简单的是发布到相关论坛。

软文发布只要有媒体资源就可以做到，但微信公众平台运营上的软文推送远远不止这些。

如果把平台软文运营比作一顿丰盛的午餐，那么，软文的干货内容就是基本的食材，软文的撰写是食材的相互组合和制作，软文的发布就是餐盘的呈现顺序和摆放位置。这些都需要有一个全盘的策划，平台软文营销也是如此。

微信公众平台软文营销,需要有一个完整的整体策划,需要根据企业的行业背景和产品特点策划软文营销方案,根据企业的市场背景做媒体发布方案、文案创意人员策划软文文案等,而不仅仅是软文的发布这一个动作。关于整体的软文策划流程,具体介绍如图2-30所示。

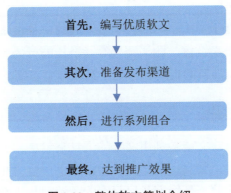

图2-30　整体软文策划介绍

2.3.2　内容：缺乏主题

有的文案人员在创作软文时,喜欢兜圈子,可以用一句话表达的意思,非要反复强调,不但降低文章的可读性,还可能会令读者嗤之以鼻。尽管软文是广告的一种,但是它追求的是"润物细无声",在无形中将所推广的信息传达给目标客户,过度地说空话、绕圈子,会有吹嘘之嫌。

此外,软文的目的是推广,因而每篇软文都应当有明确的主题和内容焦点,并围绕该主题和焦点进行文字创作。然而,有的站长在创作软文时偏离主题和中心,乱侃一通,导致读者一头雾水,营销力也就大打折扣。

2.3.3　数量：过度追求

软文相对于其他营销方式来说,成本较低,成功的软文也有一定的持久性,一般软文成功发布后就会始终存在,除非发布的那个网站倒闭了。当然始终有效,但并不是马上见效,于是很多运营者会一天发几十篇新闻稿软文到门户网站。

事实上,软文营销并不是每天发很多新闻稿,其重点是质量,一篇高质量的软文胜过十几篇一般的文章。

针对"求量不求质"的平台运营操作误区,企业应该怎样避免呢?办法有两个,具体如下。

- 加强学习，了解软文营销的流程，掌握软文撰写的基本技巧。
- 聘请专业的软文营销团队，因为他们不像广告公司和公关公司那样业务范围比较广，而是专注于软文撰写，软文质量很高。

此外，对于一些低质量软文站点也要取缔，而常用的评判该类站点软文质量高低的工具是"百度绿萝算法"。

百度绿萝算法是百度于2013年2月19日上线的一种搜索引擎反作弊的算法。算法主要打击超链中介、出卖链接、购买链接等超链作弊行为。该算法的推出，有效制止了恶意交换链接、发布外链的行为，净化了互联网生态圈。

2.3.4 营销：忽悠客户

可能有些人认为，写软文就是利用文字的力量来忽悠、引导客户一步步走进企业品牌或产品设置的陷阱中，其实，这是一种错误的平台运营和企业营销方法。撰写和在平台上发布软文的目的并不是短期忽悠得来的营销利益，而是建立在企业品牌形象上的长期营销和发展利益。企业运营平台撰写和发布软文的目的分析如图2-31所示。

图2-31 企业运营平台撰写和发布软文的目的分析

因此，企业在撰写和发布软文时，应该从3个方面着手，为实现软文撰写和发布目的而努力，如图2-32所示。

图2-32 企业运营平台正确的软文营销做法介绍

其中，软文的内容是决定成败的关键一环，好的软文要求具有以下两个特性：实用性和针对性。

因此，发布软文图文时，一定要深思熟虑，要学会筛选有用的、有价值的信息来发布，要对目标消费者进行分析，知道其喜好，有针对性地进行营销与推广，少发心灵鸡汤，多发实用的经验和干货内容。

2.3.5 撰写：闭门造车

软文，是关于企业产品和品牌的文章，这些产品和品牌是处于具体市场环境中的产品，其所针对的目标也是处于市场环境中的具有个性特色的消费者，因此，不了解具体的产品、市场和消费者情况是行不通的，其结果必然是失败的。因此，在撰写和发布软文时，必须进行市场调研，了解产品情况，才能写出切合实际、能获得消费者认可的软文。

在软文撰写过程中，关于产品的了解应该掌握的具体事项，如图2-33所示。

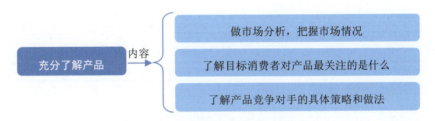

图2-33 充分了解产品的具体内容介绍

而从消费者方面来说，应该迎合消费者的各种需求，关注消费者感受。营销定位大师特劳特曾说过："消费者的心是营销的终极战场。"那么软文也要研究消费者的心理需求，也要从这里出发，具体内容如下。

（1）安全感。人是趋利避害的，内心的安全感是最基本的心理需求，把产品的功用和安全感结合起来，是说服客户的有效方式。例如，新型电饭煲的平台销售软文说，这种电饭煲在电压不正常的情况下能够自动断电，能有效防范用电安全问题。这一要点的提出，对于关心电器安全的家庭主妇来说，一定是个攻心点。

（2）价值感。得到别人的认可是一种自我价值实现的满足感。将产品与实现个人的价值感结合起来，可以打动客户。例如，销售豆浆机的软文可以这样描述："当孩子们吃早餐的时候，他们多么渴望不再去街头买豆浆，而喝上刚刚榨出来的纯正豆浆啊！当妈妈将热气腾腾的豆浆端上来的时候，看着手舞足蹈的孩子，哪个妈妈会不开心呢？"一种做妈妈的价值感油然而生，会激发为人父母的消费者的购买意愿。

（3）支配感。"我的地盘我做主"，每个人都希望表现出自己的支配权利。支配感不仅是对自己生活的一种掌控，也是源于对生活的自信，更是软文要考虑的出发点。

（4）归属感。归属感实际就是标签，你是哪类人，无论是成功人士、时尚青年，还是小资派、非主流，每个标签下的人要有一定特色的生活方式，他们使用的商品、他们的消费都表现出一定的亚文化特征。

比如，对追求时尚的青年，销售汽车的软文可以写："这款车时尚、动感、改装也方便，是玩车一族的首选。"对于成功人士或追求成功的人士，可以写："这款车稳重、大方，开出去见客户、谈业务比较得体，也有面子。"

2.3.6 内容：没有亮点

软文写作无须很有特点，只需要有一个亮点即可，这样的文章才不会显得杂乱无章，能抓住核心。

如今，很多的软文在传达某一信息时，通篇就像记"流水账"一般，毫无亮点，这样的文章其实根本就没有阅读价值，并且这样的文章字符较多，往往导致可看性大大降低，让读者不知所云。不管是什么样的软文，都需要选取一个细小的点来展开文章脉络，总归要有一个亮点，才能将文字有主题地聚合起来，形成一篇阅读价值强的软文。

2.3.7 布局：毫无章法

软文撰写者不要毫无章法地撰写软文，将软文布局看得非常轻，这样是不可行的。一般来说，普通软文的结构分为3个层次，如图2-34所示。

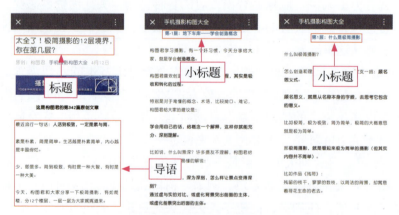

图2-34　普通软文的结构

如果软文撰写者需要撰写新闻软文的话，一般可以分为6个层次，除了与普通软文相同的标题和导语之外，还需要再加上第一新闻事实、背景补充、第二新闻事实和事件后续事实。

专家提醒

导语应高度提炼,以吸引读者往下看。正文亦以分析评论为主,层次分第一、第二、第三,条理清晰,逻辑严密,必要时,可在文后单独追加解释性内容。

2.3.8 书写:错误较多

众所周知,报纸杂志在出版之前,都要经过严格审核,保证文章的正确性和逻辑性,尤其是涉及重大事件或是国家领导人时,一旦出错就需要追回重印,损失巨大。

软文常见的书写错误包括文字、数字、标点符号以及逻辑错误等方面,软文撰写者必须严格校对,防止重大错误的出现。

(1) 文字错误。软文中常见的文字错误为错别字,例如一些名称错误,包括企业名称、人名、商品名称、商标名称等。对于软文尤其是营销软文来说,错别字可能会影响软文的质量,这种错误在报纸中显得尤为严重。

例如报纸的定价,有些报纸错印成了"订价",还错误地解释为"订阅价",好像不是报纸完成征订后的实际定价,发布广告时是一个价,到订报纸时是另一个价,这必定是不符合实际的。

(2) 数字错误。参考国家《关于出版物上数字用法的试行规定》《国家标准出版物上数字用法的规定》及国家汉语使用数字有关要求,数字使用有 3 种情况:一是必须使用汉字,二是必须使用阿拉伯数字,三是汉字和阿拉伯数字都可用,但要遵守"保持局部体例上的一致"这一原则。在报刊等文章校对检查中,错得最多的就是第 3 种情况。

例如"1 年半"应为"一年半","半"也是数词,"一"不能改为"1";再如,夏历月日误用阿拉伯数字:"8 月 15 中秋节"应改为"八月十五中秋节","大年 30"应为"大年三十","丁丑年 6 月 1 日"应改为"丁丑年六月一日"。还有,世纪和年代误用汉字数字,如"十八世纪末""二十一世纪初"应写为"18 世纪末""21 世纪初"。

此外,较为常见的还有数字丢失,如"中国人民银行 2006 年第一季度货币供应量 2.5 亿元"。我们知道,一个大型企业每年的信贷量都在几十亿元以上,何况整个国家的货币供应量才"2.5 亿元"?所以,根据推测应该是丢失了"万"字,应为"2.5 万亿元"。

(3) 标点错误。无论是哪种文章中,标点符号错误都是应该要尽力避免的。在软文创作中，常见的标点错误包括以下几种。

一是引号用法错误。这是标点符号使用中错得最多的。不少报刊对单位、机关、组织的名称，产品名称、牌号名称都用了引号。其实，只要不发生歧义，名称一般不用引号。

二是书名号用法错误。证件名称、会议名称（包括展览会）不用书名号。但有的报刊把所有的证件名称，不论名称长短，都用了书名号，这是不合规范的。

三是分号和问号用法常见错误。这也是标点符号使用中错得比较多的。主要是简单句之间用了分号：不是并列分句，不是"非并列关系的多重复句第一层的前后两部分"，不是分行列举的各项之间，都使用了分号，这是错误的。还有的两个半句，合在一起构成一个完整的句子，但中间也用了分号。有的句子已很完整，与下面的句子并无并列关系，该用句号，却用成了分号，这也是不对的。

（4）逻辑错误。所谓逻辑错误是指软文的主题不明确，全文逻辑关系不清晰，存在语意与观点相互矛盾的情况。

2.3.9 呈现：排版错乱

如果软文内容的布局和书写没有大的问题，但是内容呈现出来却是错乱的，这样也是没有办法阅读的，而且极容易影响到读者对文章的阅读兴趣。

况且，在手机界面上，由于其屏幕相对于PC端来说明显小得多，本来阅读就比较困难，如果还出现了排版错乱的问题，阅读便利性就无从谈起。读者打开一篇文章第一观感很差的话，哪怕标题再吸引人，他都会选择关闭这篇文章，因为看起来实在太难受了。因此，在撰写软文时，还需要关注读者的视觉效果，一个比较舒适的视觉环境，能够让读者多一丝的耐心停留在一篇文章上。

同时，一定不能大段文字非常密集地展现在读者眼前。

最好每个自然段不超过150个字，一般以3行为一段，包含2~3个句号，给读者阅读休息的机会。

当然，撰写软文并不具有固定的写作手法，每篇软文都有独特的写作技巧，而这些技巧要看软文撰写者有没有把握住，若是没有把握，则可以按照"3行一段"的做法进行。

另外，在手机界面发布的软文，尤其应该注意文字之间的间距，具体如图2-35所示。

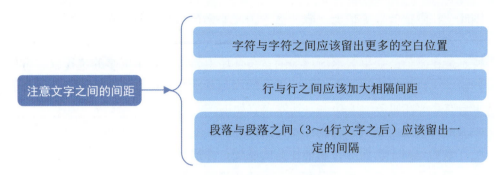

图 2-35　注意文字之间的间距

2.3.10　互动：力度不够

随着智能手机的普遍应用和移动互联网的发展，微信公众平台逐渐增多，在目标消费者一定的情况下，平台关注的目标消费者将会呈分散性扩展的方式选择自己满意的平台，因此，想要保持平台的粉丝不减少甚至是增多，就有必要优化平台，尽量争取粉丝的长期关注，其中，首选办法是尽量增强平台的互动性。否则，在缺少互动性的情况下，平台运营有可能出现减粉的情况，甚至有可能影响平台的正常运营。

因此，必须在运营微信公众平台时想办法来改善竞争局面下的平台与粉丝的互动情况，如图 2-36 所示。

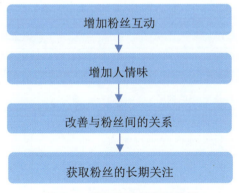

图 2-36　增加互动的作用分析

2.3.11　服务：经常忽视

关于微信，其官方曾发布了明确定位，即"微信不是营销工具，是服务工具"，由此可见，服务才是微信存在的宗旨，是借用微信平台进行产品或品牌宣传的内容定位。因此，在微信公众平台上，服务这一关键要素在软文撰写过程中不容忽视，应该加以重点关注。

特别是在微信公众平台逐渐增多的竞争环境中，粉丝有了更多的选择权，有什么理由让粉丝选择你呢？除了上文中所提及的增加互动外，还有一个非常重要的方面，就是平台有必要在服务上下功夫，具体内容如下。

- 及时回复粉丝提问，帮助粉丝解决问题。
- 了解粉丝对平台服务、功能体验的感受，并进行改善。
- 与粉丝平等对话，切忌以高高在上的态度对待粉丝。

第3章

标题技巧：吸睛表达提升点击量

学前提示

标题是一篇文章留给读者的第一印象，也是影响微信公众平台文章的打开率的决定因素，因此要打造爆款软文一定要多花时间思考标题。本章针对软文标题的写作提供了许多方法，希望能帮助读者写出更加引人注目的标题。

◎ 必备：8个打造爆款软文的要素
◎ 吸睛：18种提升点击量的实用技巧

3.1 必备：8个打造爆款软文的要素

软文是由标题与正文组成的，在撰写过程中，标题是撰写者需要重点关注的内容。他们会认为撰写一个能对软文的内容进行概括又能具有吸引力的标题很难，如图3-1所示。

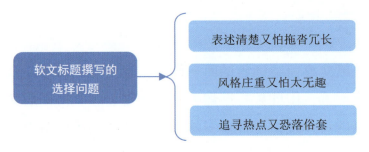

图3-1　软文标题撰写的两难选择情形介绍

基于上图中提及的大多数人在撰写标题时的选择问题以及软文必须承担的引流任务，创作微信公众号的软文标题必须要掌握一定的技巧和写作标准。只有对标题撰写必备的要素进行熟练掌握，才能更好、更快地实现标题撰写，达到引人注目的效果。

那么，在撰写微信公众号软文标题时，应该重点关注哪些方面并进行切入和语言组织呢？下面一起来看一下标题的必备要素。

3.1.1 产品亮点：突出展示

软文发布的目的就在于吸引读者的注意力，最终促进企业产品的销售，针对这一目的，在软文标题的拟写过程中，应该注意将产品的亮点突出展示出来，这样可以让读者在看到标题的时候就能够感受到软文中所提及的商品具有怎样的特点，是不是读者所需要的，以及能否满足他们的心理需求。如果读者从标题就能看出正是他所需要的内容，那么他会毫不犹豫地点开这篇文章。

在软文标题突出展示产品亮点的这一层面上，可以从多个角度来考虑，其中，最能够打动读者的一般是表现出最新动态的产品特征。这是因为，人们都有一种追求新奇的心理需求，总是希望能够见证超越历史的某一时刻、某一事件，对新的事物充满了好奇心和探索的欲望。

因而在软文标题中添加表现"最新"含义的词语，如开始、惊现、创新、终于等，往往更能吸引读者的眼球,提高文章的阅读量,引发巨大的轰动,获得更多的转载机会,如图 3-2 所示。

图 3-2　突出展示亮点的标题案例

"全新长安 CS35 正式亮相,这造型帅多了"这一文章标题最大的亮点在于"全新",对爱车一族或是对车辆感兴趣的读者们来说,"全新"带给读者的是一种"新"的感受,人们总觉得"买新不买旧",所以,这一亮点足以吸引读者的目光。

"最新 2019 年 QS 世界大学排名!清华大学进 TOP20!"这一文章标题所体现出来的最大亮点在于"最新",每个人都有做"第一"的想法,在看到这种带有"最新"的文章标题时,就会想成为第一个知道消息的人,所以,自然也就会点击文章并阅读内容。

3.1.2　软文价值:增加点击量

在微信公众平台文章的撰写中,其标题设置的形式是多种多样的,体现出了语言的精妙和撰写者的巧思。再仔细看来,读者就会很容易发现一个事实,那就是那些吸引人注意的标题有一个共同的特点——提供给读者一个值得阅读的理由,这也是软文标题富有价值感的表现和直接证明。

在微信公众平台上的文章,有些标题是通过各种提问方式来体现价值的,图 3-3 所示就是运用疑问方式来巧妙地体现软文的知识了解和学习方面的价值所在。

"什么才是一个女人真正的安全感?"这一软文标题明确展现了该篇软文的价值所在。女性靠什么来获得真正的安全感是她们非常关注的问题。

"致自己：一生无法重来，什么最重要？"这一软文标题在向读者提问的同时，又体现出了文章本身的价值，也就是关于"一生之中什么最重要"这一问题而衍生出的价值。

图 3-3 通过提问来体现阅读价值的标题案例

微信公众号软文标题除了运用各种提问方式体现文章的价值外，它还可以通过陈述的方式来实现，如图 3-4 所示。

图 3-4 陈述句展现价值的文章标题案例

"懂及时止损的人，运气不会差"还有"过日子，人品最重要"，都是在文章标题上体现出能让读者精神上和心灵上得到鼓舞和震动的实用价值。

当然，在软文标题的撰写形式上，还有着众多不同的价值表达方式，如省略式、悬念式、总结式等，这些都是围绕软文的价值感而展开的，是多种形式下的价值呈现，其目的都在于吸引读者的注意力，因此，价值感的体现是撰写软文标题必须遵守的原则之一。

3.1.3　主题内容：紧密联系

文章标题是一篇微信公众平台文章的"窗户"，读者如果能从这一扇窗户之中看到文章内容的一个大致提炼，就说明这一文章标题是合格的。换句话说，就是文章标题要体现出文章内容的主题。

如果读者受到某一文章标题的吸引，但进入文章内容之后却发现标题和内容主题联系得不紧密，或是完全没有联系的话，就会降低读者的信任度，从而拉低文章的阅读量。

这也要求作者在撰写微信公众平台文章标题的时候，一定要注意所写的标题与文章内容的主题的联系紧密，切勿"挂羊头卖狗肉"。像这种文章标题紧密联系文章内容主题的案例如图 3-5 所示。

图 3-5　紧密联系主题的文章标题案例

"开启摄影眼！1张照片的20种构图剖析（深度！庖丁解牛！）"这一文章标题的主题在于剖析照片的构图。

文章的主题在标题之中有很好的展示，既能给读者一个很好的指引，又做到了联系文章内容。

3.1.4 搜索习惯：结合实际

微信公众平台文章的作者在撰写标题的时候，要注意联系读者本身的搜索习惯来确定文章的标题。如果一味按照作者自己的想法，而不结合读者的实际情况的话，无疑是闭门造车。考虑读者搜索习惯时，要明白读者搜索的内容主要包括导航类、资源类、实用类。

下面对上述提及的三个搜索内容一一进行介绍。

（1）"导航类"就是指读者在搜索时有一个明确的网址，直接利用网址搜索读者想要搜索的东西，如图3-6所示。

图3-6 "导航类"搜索

（2）"资源类"则是指读者在没有明确目标之下，想通过网络搜索来找到某一类的事物的情况，比如搜索"抒情类流行乐""意识流小说""抽象派油画""森系手机壁纸"等，如图3-7所示。

图3-7 "资源类"搜索

（3）"实用类"则是读者想要解决生活中的某一问题而产生的搜索行为，比如"如何做可乐鸡翅""衬衣怎么洗才不会发皱""84 消毒液和洁厕灵为何不能同时使用"等，如图 3-8 所示。

图 3-8　"实用类"搜索

从上述三种搜索类型的案例可以看出，读者在使用搜索功能的时候，目的性不一样，也就会促使读者的所搜类型不同，所以，微信公众平台文章的作者在撰写文章标题的时候要注意研究读者的搜索类型，掌握其搜索规律和搜索习惯，有针对性地进行标题写作，这样才能保证文章有比较稳定的阅读量。

作者在撰写文章标题的时候，可以先在网上搜索一下，然后再对文章标题进行优化加工。

3.1.5　简洁明了：重点突出

文章标题一旦复杂密集，字数过于冗长，便会给读者带来不好的阅读体验。让一个人喜欢你可能很难，但是要让一个人讨厌你是很容易的，微信公众平台文章的标题也是如此，一旦你的文章标题字数太多，结构过于复杂，词句拗口、晦涩难懂（专业性文章除外），读者在看见你的文章标题时就已经不想再去阅读了，文章内容写得再精彩也没有用。

文章标题的好坏直接决定了文章阅读量的多或少，所以在撰写微信公众平台文章的标题时，一定要重点突出，简洁明了，标题字数不要太长，最好是能够朗朗上口，这样才能让读者在短时间内就能清楚地知道你想要表达的是什么，读者也就自然愿意点击文章去阅读内容了。

作者在撰写微信公众平台文章标题的时候，要注意标题应该尽量简短，俗语"浓缩的就是精华"是有其道理的，短句子本身不仅生动简单又内涵丰富，且越是短的句子，越容易被人接受和记住。

如果文章标题中的用语过于冗长，就会让读者失去耐心和阅读兴趣，这样一来，文章标题也就不能达到很好的效果。

作者在撰写信公众平台文章标题的时候，要注意标题用语的简短，突出重点，切忌标题成分过于复杂。标题简单越明了，读者看到的时候，会有一个比较舒适的视觉感受，阅读起来也更为方便，如图3-9所示。

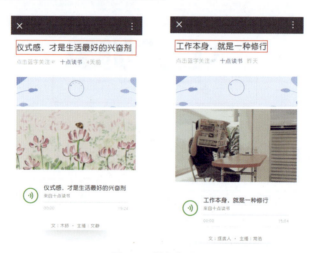

图 3-9　简短标题

3.1.6　无限创意：独特鲜明

这是一个讲究创造的时代，"中国制造"早已变成了"中国创造"。在这样的大背景之下，对微信公众平台文章的作者提出了更高的要求。在微信公众平台文章的标题撰写中，要抓住时代的趋势，学会在标题上下功夫。要想把自己的文章写到读者不得不看的地步就要独树一帜，有自己鲜明的风格和特点，让读者除了你别无选择。只要做到这样，你的微信公众平台文章就成功了一大半。

那么怎样让微信公众平台文章标题独树一帜又风格鲜明呢？这就要求作者在撰写文章标题的时候，要有个人独特的创意，要想别人所不能想的，或是想不到的；另外，标题的信息还要十分鲜明突出，要在一瞬间抓住读者的眼球，争取达到让读者耳目一新的效果。

像这种既具有创意又信息鲜明突出的标题有两大类，一类是广告性质的，所写的广告文章标题极具创意又信息鲜明，但目的都是为某产品打广告，这类标题又分为隐藏性和非隐藏性；另一类是非广告性质，它的范围相对于广告性质的标题来说就更为宽泛了。隐藏性广告创意标题如图3-10所示。

图3-10 隐藏性广告创意标题

光看标题读者根本不知道是广告，"一个冰激凌滑梯他们还能玩儿出花？"这一标题的创意体现在"冰激凌滑梯"，用冰激凌做的滑梯几乎只有在电影、电视里看到过，所以这一创意就能很好地吸引读者。当读者点击文章并看完之后会发现，它其实是一则纸尿裤的广告。

非隐藏性广告创意标题如图3-11所示。

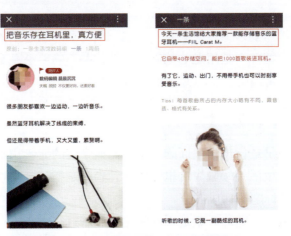

图3-11 非隐藏性广告创意标题

读者在看到这一类标题的时候便能猜出这是一则广告,"把音乐存在耳机里,真方便"其实不难看出是和耳机有关。点开文章就能看到是耳机的广告。

还有一类是非广告性质的创意标题,这一类标题不是给某产品打广告,就只是一篇微信公众平台文章的标题,如图 3-12 所示。

图 3-12 非广告性质的创意文章标题

之所以说起有创意,它不仅仅是说在文字上面下功夫,还结合了人们的生活。

比如,图 3-12 中的"时光荏苒……荏苒原来是吃的??"在文章标题中也可以看到讲的是"荏苒","荏苒"一般是和"时光"搭配出现的,"荏苒原来是吃的?"对于一般人来说算得上是惊奇的事情,这也就体现出了文章的创意,信息也十分鲜明。

"做一份龙须糖需要杀掉多少条龙?"这一篇文章的创意则体现在将龙须糖和龙联系在了一起,龙须糖并不是用龙的胡须做的糖,并不需要杀龙来做,但是用这样的标题就会让人觉得非常新奇,想点开了解具体的内容。

3.1.7 标题元素:形象具体

"元素"一词最早是指化学里面的元素,比如学过的元素周期表。后来该词广泛应用于计算机专业和生活等领域。这里所讲的元素则是指某一事物的构成部分,所以"标题元素"也就是标题的构成部分。

一则微信公众号的标题的元素是否具体化关系着这篇文章的点击量。标题元素的具体化也就是尽量将标题里的重要构成部分说具体,如精确到名字或直观的数据。

拿"某人在公交车站旁捡到装巨款的包"这个例子来说,标题里面比较重要的元素就是"某人""公交车站""巨款"等,在这些元素中,公交车站是已经具体了的,"某人"是什么人?小孩、老人还是年轻人?这些在标题中都没有展现出来;"巨款"的数目到底有多"巨"?标题中也没有显示出来,这样对读者的冲击力并不会很大。

如果将它改成"出门就捡钱,小学生在公交车站捡一包,一打开,里面竟是60万元人民币!",这样一来,标题里面的重要元素就被具体化了,"某人"变成了小学生,"巨款"也具体成了"60万元人民币"。相对于"巨款"一词来说,"60万元"的冲击对平常人来说可能更大,因为巨款给人的感觉是抽象的,而具体化之后就更能触动人们的神经。所以,这也就要求作者在撰写标题的时候,要尽量将标题里面的重要元素具体化,不能太过于抽象。

从读者的角度来说,读者也不喜欢看模棱两可的文字,往往更喜欢直观的文字。相对于文字来说,人们又对数字更为敏感,因为数字和人们的日常生活中的很多东西挂钩,所以人们也更加关注数字的多少和走向。在这样的情况下就更应该把标题中重要的元素具体化。这种具体化的文章标题案例如图3-13所示。

图3-13 标题元素具体化的文章案例

从图中可以很清楚地看出标题中的重要元素都是具体的人物、事物、原因和数字,这样的文章标题在让标题更加简洁明确的同时,又能够抓住读者的眼球,吸引更多人来阅读。

3.1.8 激发兴趣：好奇探究

一篇文章的阅读量很高，有其多方面的原因，但一个十分重要的原因就是这篇文章的标题抓住了读者的眼球，激起了读者阅读这篇文章的兴趣。如果一篇微信公众平台文章的标题都不能引起读者的兴趣，那么读者也就不会去查看它的内容了。一个好的文章标题就能让文章成功一大半。

一个优秀的微信公众平台文章作者一定是很了解读者心理的人，他知道读者喜欢什么样的标题和内容，也知道用什么样的标题来勾起读者的阅读兴趣和好奇心，从而增加文章的阅读量。像这种能勾起读者好奇心的文章标题如图 3-14 所示。

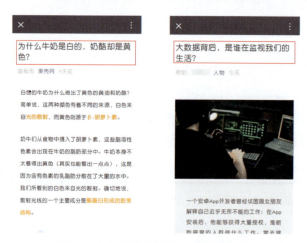

图 3-14 勾起读者好奇心的文章标题

这一类的微信公众平台文章标题善用一些有趣的问题和内容引起读者的注意，比如"为什么牛奶是白的，奶酪却是黄色？"和"大数据背后，是谁在监视我们的生活？"这一类标题主要是通过日常生活事件入手，提出问题。当读者发现自己没有注意过这样的问题或被这样的问题困扰时就会激发好奇心。

这样的文章标题还有一种就是出"奇"不意，所说的内容都是一些在正常人眼里看上去有点不可思议的事情，多会采用夸张、对比、自问自答等不同的形式描述一个事件，从而勾起读者的好奇心。

3.2 吸睛：18 种提升点击量的实用技巧

在微信公众号运营过程中，软文标题的重要性不言而喻，正如微信公众平台流传的一组数据所言："标题决定了80%的流量"。虽然其来源和准确性不可考，但由其流传之广就可知，其中涉及的关于标题重要性的话题是值得重视的。

在了解了标题设置目的和要求后，接下来就具体了解怎样设置标题和利用什么表达方式去设置标题。

3.2.1 速成型标题：快速掌握某些技巧

速成型标题是指向读者传递一种只要阅读了文章之后就可以掌握某些技巧或者知识，"速成"，顾名思义，就是能够马上学会、得到。

这种类型的标题之所以能够引起读者的注意，是因为抓住了人们想要从文章中获取实际利益的心理。大多数读者都是带着一定的目的阅读文章的，要么是希望文章中含有福利，比如优惠、折扣；要么是希望能够从文章中学到一些有用的知识。因此，速成型标题的魅力是不可阻挡的。

在打造速成型标题的过程中，往往会碰到这样一些问题，比如"什么样的技巧才算速成？""速成型的标题应该具备哪些要素？"等。那么，速成型的标题到底应该如何撰写呢？笔者将其经验技巧总结为如图3-15所示的3点。

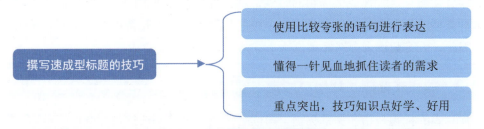

图3-15 撰写速成型标题的技巧

专家提醒

值得注意的是，在撰写速成型标题时，最好不要提供虚假的信息，比如"一分钟一定能够学会这样××""三大秘诀包你××"等。速成型标题虽然需要添加夸张的成分在其中，但要把握好度，要有底线和原则。

速成型标题通常会出现在技术类的软文之中，主要是为读者提供实际好用的知识和技巧，如图3-16和图3-17所示为速成型标题的典型案例。

图 3-16　"手机摄影构图大全"公众号速成型标题

图 3-17　"日食记"公众号速成型标题

"手机摄影构图大全"公众号发布的文章标题明显是干货,而且还借用数字的形式为速成型标题添彩,"日食记"公众号发布的文章标题也是速成型标题中的形式。

读者在看见这种速成型标题的时候,就会更加有动力去阅读文章里面的内容,因为这种类型的标题会给人一种学习这个技能很简单、不用花费过多的时间和精力的印象。因此,大多数读者会选择相信这个标题,进而阅读文章内容。

3.2.2　福利式标题:让用户感觉占便宜

福利式的标题是指在文章标题上向读者传递一种"阅读这篇文章你就赚到了"的感觉,让读者自然而然地想要去阅读文章。一般来说,福利式标题准确把握了读者贪图利益的心理需求,让读者一看到"福利"的相关字眼就会忍不住点击并阅读文章。

福利式标题的表达方法有两种,一种是比较直接的方式,另一种则是间接的表达方式。虽然方式不同,但是效果都相差无几,具体如图 3-18 所示。

图 3-18　福利式标题的表达方法

值得注意的是，在撰写福利式标题的时候，无论是直接式还是间接式，都应该掌握如图 3-19 所示的 3 点技巧。

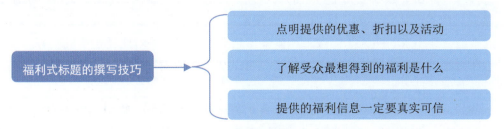

图 3-19　福利式标题的撰写技巧

福利式标题有直接福利式和间接福利式两种不同的表达方式，不同的标题案例有不同的特色，下面一起来看这两种福利式标题的经典案例，如图 3-20 和图 3-21 所示。

图 3-20　直接福利式软文标题　　　　图 3-21　间接福利式软文标题

这两种类型的福利式标题虽然稍有区别，但本质上都是通过"福利"来吸引读者的眼球，从而提升文章的点击率。

专家提醒

福利式的标题通常会给读者带来一种惊喜之感，试想，如果一篇软文的标题中或明或暗地指出文中含有福利，你难道不会心动吗？福利式标题既可以吸引读者阅读文章，又可以为读者带来实际利益，一举两得。福利式标题虽然容易吸引读者的注意力，但在撰写的时候也要注意，不要因为侧重福利而偏离了主题，而且最好不要使用太长的标题，以免影响文章的传播效果。

3.2.3 对比式标题：加深认识，增强吸引力

对比式标题是通过与竞争对手同类产品进行的对比，来突出自己产品的优点，加深读者对产品的认识，如"国内'三大搜索'：三国鼎立 or 蜀吴曹操""诺基亚的今天难道会是小米的明天""做工和体验才是重点 小米4对比锤子手机"等。

在对比式文章标题中，文章编辑者还可以加入其他类型的标题创作方法，这样能使得标题更具吸引力。

例如，加入悬念式标题的手法，能更加突显标题的特色，吸引消费者的注意力，如台湾中兴百货的平面海报广告"思想的天使，肉体的魔鬼""上海只适合××，不适合××"等，都是既用了对比，又有悬念，很符合当代人的口味。

图3-22所示为两篇对比式标题的微信公众平台文章。

图 3-22　对比式标题

"越野家用通适，新哈弗H9对比汉兰达"一文将两种车做对比，激发了读者的好奇心。"人气……肯德基、麦当劳，这家中式快餐的底气竟是……"一文将某一"中式快餐"的人气与肯德基、麦当劳做对比，更能吸引读者的注意力。

专家提醒

企业在运用对比式标题的时候，一定要注意文中内容要与标题相符合，不能只夸自己产品的优点，一定也要指出对方产品的优点，然后在对方优点的基础上，指出自身产品的可行之处，方能成为一篇实实在在的性价比对比式的微信公众平台上的成功文章。

3.2.4 经验式标题：总结经验提供技巧

在生活中，经验式标题特别受读者喜爱，因为读者通常会带着目的性去阅读软文，抱着在文中吸取某一方面的经验和总结的想法，以提高自身的能力。而带有此类标题的文章通常也会为读者提供富有价值的经验和技巧，以有效吸引固定的粉丝，提升粉丝总数。

这种类型的文章标题对文章编辑者的要求很高，主要是通过大量文章的阅读对比给读者眼前一亮的效果，简单而明了，使其读过之后少走一些弯路。另外，经验式标题下的文章内容，还需要达到如图 3-23 所示的 3 个要求。

图 3-23　经验式标题下的文章内容需要达到的要求

那么，经验式的标题究竟应该如何打造呢？很多人会想，经验式标题不就是想要显示出自己的文章含金量高吗？实际上，仅仅这一点还不足以打造一个完美的经验式标题，只有达到如图 3-24 所示的 3 点要求才能如愿以偿。

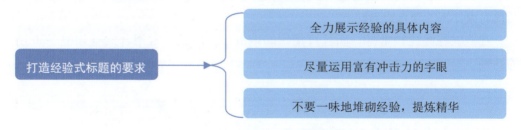

图 3-24　打造经验式标题的要求

例如"女人一生一定要做的 20 件事""必备！五大澳洲留学必下 APP"等，这类标题都属于经验分享式的软文，吸引人的地方就在于干货多、归纳性强以及比较实用，这是很多读者都喜欢的。图 3-25 所示为典型的经验式标题。

图 3-25　经验式标题

这两篇文章都带有经验式标题的特征，而且可以看到的是，它们都运用了数字。对于经验式标题而言，数字是总结的象征，因此比较常用。

3.2.5　观点式标题：依靠名人表达观点

观点式标题，是以表达观点为核心的一种标题撰写形式，一般会在标题上精准到人，并且把人名镶嵌在标题之中。值得注意的是，这种类型的标题还会在人名的后面紧接对某件事的观点或看法。

观点式标题比较常见，而且可使用的范围比较广泛，常用公式有如图 3-26 所示的 5 种。

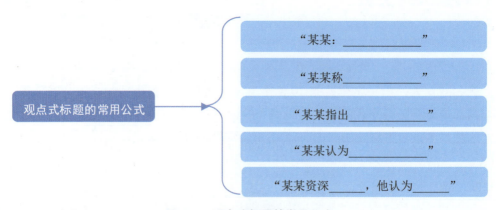

图 3-26　观点式标题的常用公式

当然，公式是一个比较刻板的东西，在实际的标题撰写过程中，不可能完全按照公式来做，只能说它可以为我们提供大致的方向。那么，在具体的观点式标题撰写时，有哪些经验技巧可以借鉴呢？笔者将其总结为如图 3-27 所示。

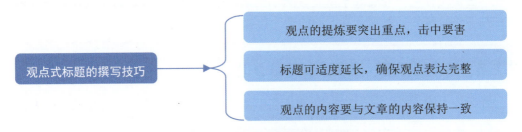

图 3-27　观点式标题的撰写技巧

例如，微信公众号"人物"发布的两篇文章，运用的就是典型的观点式标题。一个是"演员杨 ×：所有人都避而不谈，其实是一种纵容""北川年轻人：我留下来，是为了让家乡走出去"，如图 3-28 所示。

图 3-28　观点式标题

这两篇文章的标题都是运用相同的观点形式，即"某某：＿＿＿＿＿＿"，只不过第二个在某一类人前添加了形容词进行修饰。而"某某"后面则是观点的展示，同时这个观点也是与文章的中心思想相互映衬的。

> 提示式标题的好处在于一目了然，"人物＋观点"的形式往往能在第一时间引起读者的注意，特别是当人物的名气比较大时，更容易提升文章的打开率。

3.2.6 悬念式标题：激发读者好奇心理

好奇是人的天性，悬念式标题就是利用人的好奇心来打造的，首先抓住读者的眼球，然后提升读者的阅读兴趣。

标题中的悬念是一个诱饵，引导读者阅读文章内容，因为通常读者看到标题里有没被解答的疑问和悬念，就会忍不住进一步去弄清楚到底怎么回事。这就是悬念式标题的套路。

悬念式标题的文章在人们的日常生活中运用得非常广泛，也非常受欢迎。人们在看电视、综艺节目的时候也会经常看到一些节目预告之类的广告，这些广告就会采取这种悬念式的标题引起观众的兴趣。利用悬念撰写标题的方法通常有 4 种，如图 3-29 所示。

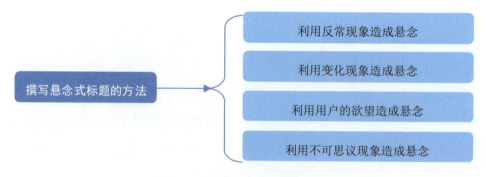

图 3-29 撰写悬念式标题的方法

悬念式标题主要是为了增强文章内容的可读性，因此在进行微信公众平台文章编辑时需要注意的一点是，使用这种类型的标题，一定要确保文章里面的内容确实是能够让读者感到惊奇、充满悬念的。不然就会引起读者的失望与不满，继而就会让读者对公众号质疑，影响微信公众平台在读者心中的美誉度。

悬念式的标题是软文撰写者青睐有加的标题形式之一，它的效果也是有目共睹的，是比较保险的一种标题取法。如果不知道怎么给文章取标题，悬念式标题是一个很不错的选择。

悬念式标题是运用得比较频繁的一种标题形式，很多软文会采用这一标题形式来引起读者的注意力，从而达到较为理想的营销效果和传播效果。图 3-30 和图 3-31 所示为悬念式标题的典型案例。

图 3-30　"冷兔"公众号的悬念式标题　　图 3-31　"十点读书"公众号的悬念式标题

"冷兔"公众号发布的"原来，有钱人发财的秘密是这样！"是十分明显的悬念式标题。而"十点读书"公众号的"婚姻里真正可怕的，竟是这一点"同样也是通过设置悬念的方式来吸引读者的眼球。

专家提醒

软文的悬念标题仅仅只是为了悬念，这样一般只能够博取大众大概 1~3 次的眼球，很难保留长时间的效果。如果内容太无趣、无法达到软文引流的目的，那就是一篇失败的软文，会导致软文营销的活动也随之泡汤。

因此，企业在设置悬念式标题的时候，需要非常慎重，最好是有较强的逻辑性，切忌为了标题走钢索，而忽略了软文营销的目的和软文本身的质量。

3.2.7　警告式标题：给予强烈心理暗示

警告式标题常常通过发人深省的内容和严肃深沉的语调给读者以强烈的心理暗示，从而给读者留下深刻印象。尤其是警告式的新闻标题，常常被很多微信公众平台文章撰写者所追捧和模仿。

警告式标题是一种有力量且严肃的标题，也就是通过标题给人以警醒作用，从而引起读者的高度注意。它通常会将以下 3 种内容移植到平台文章标题中，如图 3-32 所示。

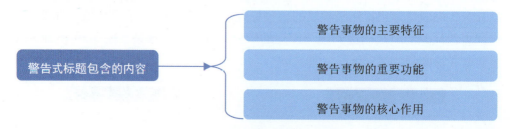

图 3-32　警告式标题包含的内容

那么，警告式标题应该如何打造呢？很多人只知道警告式标题能够起到比较显著的作用，容易夺人眼球，但对具体如何撰写却是一头雾水。笔者在这里想分享 3 点技巧，如图 3-33 所示。

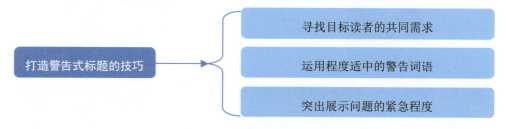

图 3-33　打造警告式标题的技巧

专家提醒

微信公众平台文章的编辑者在运用警告式标题时，需要注意运用的文章是否恰当，因为并不是每一篇文章都可以使用这种类型的标题的。

这种标题形式运用得恰当，则能加分，起到其他标题无法替代的作用。运用不当的话，很容易让读者产生反感情绪或引起一些不必要的麻烦。因此，文章编辑者在使用警告式新闻标题的时候要谨慎小心，注意用词恰当，绝对不能草率行文，不顾文章内容胡乱取标题。

警告式标题可以应用的场景很多，无论是技巧类的微信公众平台文章，还是供大众娱乐消遣的娱乐八卦新闻，都可以用到这一类型的标题形式。图 3-34 所示为带有警告式标题的文章，第一篇中的"注意"是关键词，让读者一眼就能锁定，从而产生阅读的兴趣；微信公众号"丁香妈妈"发布的关键词是"警惕"和"伤害"，既警告了读者，又吸引了读者阅读文章内容。

选用警告式标题这一标题形式，主要是为了提升读者的关注度，大范围地传播文章。因为警告的方式往往更加醒目，触及读者的利益，如果这样做可能会让你的利益受损，那么可能本来不想阅读的读者，也会点击进去阅读，往往涉及自身利益的事情都是读者最关心的。

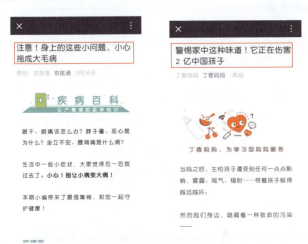

图 3-34　警告式标题

3.2.8　提示式标题：暗示读者思考行动

提示式标题，是以劝勉、叮咛以及希望等口气来撰写标题，其主要目的在于催促读者采取相应的行动，起到呼吁的作用。

这一类提示式标题容易让人产生共鸣，但需注意的是，在写作这类标题时要绝对谨慎，否则容易引起读者反感。提示式标题兼具多种优点，主要有图 3-35 所示的 3 点。

图 3-35　提示式标题的优点

当然，在撰写此类标题的时候，也需要注意一些问题，比如不能过度提示，避免引起读者的反感，具体来说，撰写的技巧有如图 3-36 所示的 3 点。

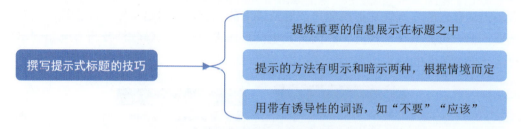

图 3-36 撰写提示式标题的技巧

例如,"职场"微信公众号的文章标题是"和我相处,请带上真诚",这里的"请"是提示式标题的标志,也是明示的一种。"十点读书"微信公众号的标题是"不要在深夜做任何决定",其中"不要"就是提示的标志,如图 3-37 所示。

图 3-37 提示式标题

3.2.9 疑问式标题:吸引读者的注意力

相比于普通、平实的陈述而言,疑问的句式往往更能获取外界的关注。关于微信公众号的疑问式软文标题的引导语和作用,具体内容如图 3-38 所示。

图 3-38 疑问式标题的形成和作用介绍

在微信公众平台文章的标题撰写上,采用疑问句式的标题效果也是很好的,一方面,在疑问句中所涉及的话题大都和读者联系比较密切,使得标题和读者的关系更近也更亲切了,所以读者也愿意去看看文章内容;另一方面,疑问句本身就能够引起读者的注意。用疑问句式的标题能激起读者的好奇心,从而引导读者查看全文。

比如"你知道蜂蜜不能用开水冲泡吗?""夏季来临,待在空调房里的你得'空调病'了吗?""你知道'呼作白玉盘'里的'白玉盘'是什么吗?"等,都是在标题上采用了疑问句式的例子。

从读者的心理层面来说的话,看到这种疑问式的标题,一部分读者会抱着查看自身问题的心态点击这一类疑问式的标题,还有一部分读者会抱着学习或者新奇的心态点击文章,不管是哪一部分的读者,在看到这种疑问式标题的时候,都会对文章内容产生兴趣。采用疑问式标题的案例如图3-39所示。

图3-39　疑问式标题

3.2.10　数字式标题:与读者心灵的碰撞

数字式标题是指在标题中呈现出具体的数字,通过数字的形式来概括相关的主题内容。数字不同于一般的文字,它会带给读者比较深刻的印象,与读者的心灵产生奇妙的碰撞,很好地触动读者的好奇心理。

在软文中采用数字式标题有不少好处,具体体现在如图3-40所示的3个方面。

图 3-40　数字式标题的好处

值得注意的是，数字式的标题也很容易打造，因为它是一种概括性的标题，只要做到如图 3-41 所示的 3 点就可以撰写出来。

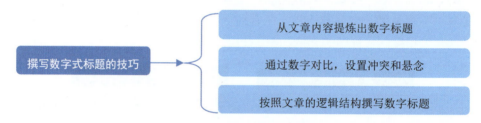

图 3-41　撰写数字式标题的技巧

此外，数字式标题还包括很多不同的类型，比如时间、年龄等，具体来说，可以分为如图 3-42 所示的 3 种。

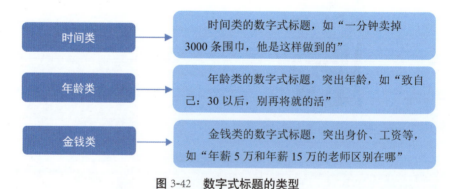

图 3-42　数字式标题的类型

专家提醒

事实上，文章中很多内容都可以通过具体的数字总结和表达，只要把想重点突出的内容提炼成数字即可。同时还要注意的是，在打造数字式标题的时候，最好使用阿拉伯数字，统一数字格式，尽量把数字放在标题前面。

数字式的标题比较常见，不仅软文中会用到，而且很多其他类型的文章也会用到。在软文中，数字式的标题通常会采用悬殊的对比、层层递进等方式呈现，目的是营造一个比较新奇的情景，对读者产生视觉上和心理上的冲击。

图 3-43 和图 3-44 所示为"麦当劳"公众号和"肯德基"公众号的数字式标题。"麦当劳"公众号的数字式标题"限时 5 天，限量周边只送不卖！"运用到了时间的类型，"限时"增加了紧迫性。而"肯德基"公众号的数字式标题"端午桶劲省 44.5 元，美栗烤全鸡礼盒今日开抢"则运用金钱类数字来表达。

图 3-43　"麦当劳"公众号数字式标题　　图 3-44　"肯德基"公众号数字式标题

3.2.11　借势型标题：借助时下热门事件

借势是一种常用的软文写作手法，借势不仅完全是免费的，而且效果还很可观。借势型标题是指在文章标题上借助社会上一些时事热点、新闻的相关词汇来给文章造势，增加点击量。

借势一般是借助最新的热门事件吸引读者的眼球。一般来说，时事热点拥有一大批关注者，而且传播的范围也会非常广，微信公众平台文章的标题借助这些热点就可以让读者轻易地搜索到该篇文章，从而吸引读者去阅读文章里的内容。

那么，在创作借势型标题的时候，应该掌握哪些技巧呢？笔者认为，我们可以从如图 3-45 所示的 3 个方面来努力。

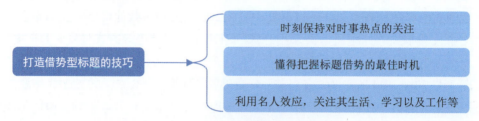

图 3-45　打造借势型标题的技巧

支付宝一年一度的"集五福抽红包"活动又开始非常火热，无论是朋友圈、QQ 空间，还是微博，都可以看到求"敬业福"等各种福的动态。"集福"活动俨然已经成为一种风潮，于是"心书网络"公众号便借"集五福"的热点，推出了一篇题为"集五福不如来祈福！这个小游戏或许能让你梦想成真"的文章，如图 3-46 所示。

除了活动热点，热门的音乐、影视剧也可以成为借势型标题的依托，如曾经热播的《北京女子图鉴》就成功吸引了广大观众的注意力，这么红火的热点，当然不能放过。VOGUE 公众号就借助它的人气，打造了一篇名为"北京女子图鉴——你对职场女性恐怕有点误会"的文章，如图 3-47 所示。

图 3-46　"心书网络"公众号的借势型标题　　　图 3-47　VOGUE 公众号的借势型标题

专家提醒

值得注意的是，在打造借势型标题的时候，要注意两个问题：一是带有负面影响的热点不要蹭，大方向要积极向上，充满正能量，带给读者正确的思想引导；二是最好在借势型标题加入自己的想法和创意，然后将发布的文章内容与之相结合，做到借势和创意的完美同步。

3.2.12　励志式标题：调动情绪鼓舞人心

励志式标题最为显著的特点就是"现身说法"，一般是通过第一人称的方式讲故事，故事的内容包罗万象，但总体来说离不开成功的方法、教训以及经验等。

如今很多人都想致富，却苦于没有致富的定位。如果这个时候给他们看励志式软文，让他们知道企业是怎样打破困难的枷锁、走上人生巅峰的，他们就很有可能对带有这类标题的文章感到好奇，因此这样的标题结构就会具有独特的吸引力。励志式标题模板有如图3-48所示的两种。

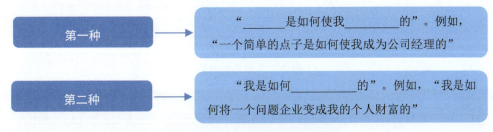

图3-48　励志式标题的两种模板

励志式标题的好处在于煽动性强，容易制造一种鼓舞人心的感觉，勾起读者的阅读欲望，从而提升文章的打开率和点击率。

那么，打造励志式的标题是不是单单依靠模板就好了呢？答案是否定的，模板固然可以借鉴，但在实际的操作中，还是要根据文章内容的不同而研究特定的励志式标题。总体来说有3种经验技巧可供借鉴，如图3-49所示。

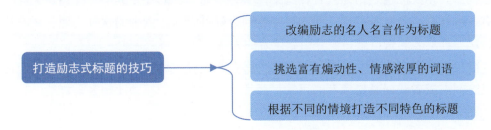

图3-49　打造励志式标题的技巧

一个成功的励志式标题不仅能够带动读者的情绪，而且还能促使读者对文章产生极大的兴趣，从而产生一定的影响。图3-50所示为励志式标题的典型案例展示，都带有较强的励志情感。

图 3-50　励志式标题

> **专家提醒**
>
> 励志式标题一方面是利用读者想要获得成功的心理，另一方面则是巧妙掌握了情感共鸣的精髓，通过带有励志色彩的字眼来引起读者的情感共鸣，从而成功吸引读者的眼球。

3.2.13　揭露真相式：满足好奇八卦心理

揭露真相式标题是指为读者揭露某件事物不为人知的秘密的一种标题。大部分人会有一种好奇心和八卦心理，而这种标题则恰好可以抓住读者的这种心理，从而给读者传递一种莫名的兴奋感，充分引起读者的兴趣。

微信公众平台软文的编辑可以利用揭露真相式标题做一个长期的专题，从而达到一段时间内或者长期凝聚读者的目的。而且，这种类型的标题比较容易打造，只需把握如图 3-51 所示的三大要点即可。

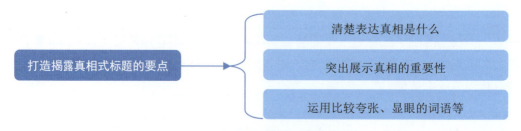

图 3-51　打造揭露真相式标题的要点

专家提醒

揭露真相式标题,最好在标题之中显示出冲突性和巨大的反差,有效吸引读者的注意力,使得读者认识到文章内容的重要性,从而愿意主动阅读文章,提升文章的阅读量。

揭露真相式的文章标题示例中,图 3-52 所示为"新媒体课堂"公众号发布的"嘘…公众号赚钱新功能,来了!!!"和"CCTV生活圈"公众号发布的"今日芒种│你不知道的养生秘诀!"。

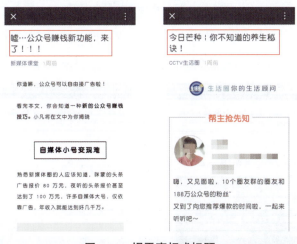

图 3-52 揭露真相式标题

这两篇文章的标题都侧重于揭露事实真相,文章内容也是侧重于讲解不为人知的新鲜知识,从标题上就做到了先发制人,因此能够有效吸引读者的目光。

揭露真相式标题其实和经验式标题有不少相同点,因为都提供了具有价值的信息,能够为读者带来实际的利益。当然,所有的标题形式实际上都是一样的,都带有自己的价值和特色,否则也无法吸引读者的注意,更别提为文章的点击率和阅读量做出贡献了。

3.2.14 急迫感标题:催促读者加快阅读

很多人或多或少都会有一点拖延症,总是需要在他人的催促下才愿意动手做一件事。富有急迫感的文章标题就有一种类似于催促读者赶快阅读的意味在里面,它能够给读者传递一种紧迫感,让读者加快阅读文章的速度。

创作者使用急迫体撰写文章标题，往往会让读者产生现在不看等会儿就看不了的感觉，从而立刻阅读，并快速转发传播文章内容。那么，这类标题具体应该如何打造呢？笔者将其相关技巧总结为如图3-53所示。

图3-53　打造急迫体标题的技巧

急迫体标题是促使读者行动起来的最佳手段，而且也是切合读者利益的一种标题打造方式。图3-54所示为急迫体标题的典型案例。

图3-54　急迫体标题案例

"天天炫拍"公众号发布的急迫体标题主要是通过"赶紧看"这三个字来体现急迫感的，既是资源的共享，又展示出分享的重要性；而"星巴克中国"公众号的标题则是福利体与急迫体的有机结合，同时也体现出活动的刻不容缓，使得读者越发想要了解具体的内容细节。

3.2.15　反常型标题：与正常思维相背离

人们一般习惯顺着逻辑思维的发展来思考和看待问题，因此，那些与正常思维方向相悖的话题和内容就很容易成为关注的焦点。如图 3-55 所示，其标题都是通过一种违反人们习惯思维的方式来进行撰写的。

图 3-55　反向思维的软文标题案例

文章"优秀的人，从不'安分'"，"为什么优秀的人会不'安分'呢？"的疑问促使读者为了去找寻这一问题的答案而阅读文章。文章"马云：我最大的错误，就是创立了阿里巴巴"，这一软文标题所陈述的事实不可思议，那么"马云为什么会这么说呢？"这一问题同样也起到了引导读者阅读的作用。

3.2.16　冲击型标题：触动到视觉和心灵

不少人认为："力量决定一切"。这句话虽带有太绝对化的主观意识在其中，但还是有着一定的道理的。其中，冲击力作为力量范畴中的一员，在公众号软文撰写中有着它独有的价值和魅力。

所谓"冲击力"，即软文带给人的视觉和心灵上的触动力量，也即引起读者关注的原因所在。

在具有冲击力的软文标题撰写中，要善于利用"最""第一次"和"比……还重要"等类似的较具有极端性特点的词汇——因为读者往往比较关注那些具有特别突出特点的事物，而"最""第一次"和"比……还重要"等词汇是最能充分体现其突出性的，往往能带给读者强大的戏剧冲击感和视觉刺激感。

图 3-56 所示为一些带有冲击感的微信公众号软文标题案例。

这两篇软文的标题利用较极端性的语言如"最高级""比分数还重要"等进行撰写，

给读者造成了一种视觉乃至心理上的冲击。

图 3-56　带有冲击感的软文标题案例

专家提醒

微信公众平台文章编辑者在运用冲击型标题时，需要注意运用的文章是否恰当，例如，宣传产品之类的文章就不要用带有极端性的词汇，如"最""极"等。

3.2.17　画面感标题：营造出更好的体验

人们在进行阅读时，一般会随着阅读的进行而进入角色，在脑海中形成一些画面。这种画面感的营造是最能带给读者好的阅读体验的方式之一。

因此，在微信公众号运营中，不仅可以在软文正文营造画面感，还可以直接在标题中就把这种画面感体现出来，这样就更容易让读者产生阅读的兴趣，营造出更好的阅读体验。

图 3-57 所示为公众号中营造出一种画面感的软文标题案例。

这两篇软文，其标题都是通过营造一个画面或一种生活场景来进行撰写的。读者一看到软文的标题，就能产生身临其境的感觉，或者联想起记忆中熟悉的场景画面。

例如，前一篇软文标题，读者在看到"好吃到吮指"这一句话时就会在脑海中浮现出相关的画面。它带给人的不仅是视觉上的感受，还能感受到食物的美味。

又如，后一篇软文标题"自从买了这把伞，天天盼着下场雨"，给人一种身临其境的感觉，读者好像置身其中，感受到了同作者一样的心灵触动和想象中的画面，雨中撑伞漫步的场景呈现在了眼前。

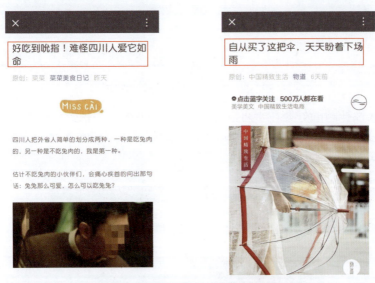

图 3-57　营造画面感的软文标题案例

3.2.18　独家性标题：独一无二的荣誉感

独家性标题，也就是从标题上体现微信公众号所提供的信息是独有的珍贵资源，值得读者点击和转发的感觉。

从大众的心理方面而言，独家性标题所代表的内容一般会给人一种自己率先获知、别人所没有的感觉，因而在心理上更容易让人满足。

在这种情况下，好为人师和想要炫耀的心理就会驱使读者自然而然地去转发文章，成为微信公众号潜在的传播源和发散地。

独家性标题会给读者带来独一无二的荣誉感，同时还会使得文章内容更加具有吸引力。那么，在撰写这样的文章标题时，我们应该怎么做呢？是直接点明"独家资源，走过路过不要错过"，还是运用其他的方法来暗示读者这篇文章的内容是与众不同的呢？

在这里，笔者想提供如图 3-58 所示的 3 点技巧，帮助大家成功打造出夺人眼球的独家性标题。

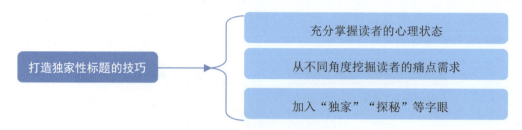

图 3-58　打造独家性标题的技巧

使用独家性标题的好处在于可以吸引到更多的读者，让读者觉得文章内容比较珍贵，从而主动参与宣传和推广，达到广泛传播的效果。如图 3-59 所示为独家性标题的典型案例。

图 3-59　独家性标题的案例

"罗辑思维"公众号的标题亮点在于"独家首发"一词，看到"独家首发"，很多读者都会忍不住想要点开文章查看其中的内容，了解其中究竟有何诀窍；"占豪"公众号的标题是通过"秘密"一词来吸引读者的眼球，目的就是提升文章的浏览量，而这样的独家性标题确实也能做到有效吸粉。

专家提醒

独家性的标题往往也暗示着文章内容的珍贵性，因此撰写者需要注意，如果标题使用的是带有独家性质的形式，就必须保证文章的内容也是独一无二的。独家性的标题要与独家性的内容相结合，否则会给读者造成不好的印象，从而影响后续文章的阅读量。

第4章

关键词：优化巧用增加曝光

学前提示

关键词在微信公众平台的运营中起到了非常重要的作用，且关键词搜索是网络平台搜索索引的主要方法之一。它是用于表达平台软文主题内容的重要部分，因此巧妙地设置和布局关键词，能够让软文的搜索排名更靠前，从而提高软文的曝光率和转载率。

◎ 基础了解：关键词的含义和类别
◎ 加深理解：关键词的选择和预测
◎ 学以致用：关键词的植入和布局

4.1 基础了解：关键词的含义和类别

企业想要更全面地深入软文的世界里，就得依靠"关键词"。"关键词"是可以决定一篇软文是否成功的大功臣，只要关键词放置得当，就能为企业创造出一定的营销收益。

不管是什么类型的软文，无论撰写水平高与低，是否适当地引入软性宣传的主题与关键词，都会直接决定软文的推广效果。

软文有它自身的特点和写作技巧。写软文不是写一篇普通文章，不是简单的文字材料堆砌，一个优秀的软文写作者，需要有强大的写作基础以及敏锐的产品与消费者观察力，这样才能完整地把握软文应该拥有的关键词。

4.1.1 网络关键词：网友当下关注的热点

基于互联网和移动互联网迅速发展环境中的大数据应用，网络上能搜集到无数个关键词。企业对于主要在网络上推广的软文，应该把握好网络关键词的推广，因为网络上的关键词一般是关于当时网民们所关注的热门事件，如果企业及时地利用热门事件进行软文营销，把网络上的关键词融入其中，一定能引起很多读者的注意，甚至达到软文的最高境界。

一般企业可以利用百度的搜索风云榜挑选关键词，它会出现最近1~4天的网友们搜索的热门事件关键词，通过它，企业可以快捷地找到适合自己产品的网络关键词，如图4-1所示。

图4-1 百度搜索风云榜

4.1.2 软文关键词：正面描述和推广产品

软文关键词是指基于软文内容本身，将所需要表达的商品信息点出来，能够起到正面描述与推广产品的作用的关键词。

对于软文关键词来说，主要是针对网络上的软文文章。大家都用过百度、搜狗、谷歌等搜索软件，也上过京东、淘宝、当当等购物网站，当然，在微信公众号日益增多的前提下，这类平台的搜索也日益增多。

通过这些网站和平台的搜索，大家应该能够明白，当用关键词进行搜索定位时，往往会打开在搜索排行榜前列的推荐网站，尤其是第一、第二位的网站和平台，如图 4-2 所示。

图 4-2 公众号平台的关键词搜索

这并不是说排在前列的页面制作有多么精良或是所搜索出的东西有多么正确，而是用户的习惯如此，总是选择排名在前的网站和软文。

那么该如何计算关键词的搜索排名呢？企业可以利用 SEO 来搜取关键词搜索排名。SEO 是专门利用搜索引擎搜索规则，提高目前网站在有关搜索引擎内自然排名的方式。

 专家提醒

SEO 的目的可以理解成是为公众号提供生态式的自我营销解决方案，让公众号在行业内占据领先地位，从而获得品牌收益。

SEO 是自然排名的方式，主要针对公众号在搜索引擎中做排名优化。长年积累，是会给公众号带来被动收入的，因为一般公众号年限越久，质量越高。

4.1.3 核心关键词：不可不知的判断标准

所谓"核心关键词"，既是平台主题最简单的词语，也是搜索量最高的词语，比如某网站是一个 SEO 服务型的平台，那么该平台的核心关键词就是"SEO、网站优化、搜索引擎优化"等。

此外，核心关键词也可以是产品、企业、网站、服务、行业等一些名称或是这名称的一些属性、特色的词汇，例如××减肥茶、××公司、××网等。那么，我们应该如何选择核心关键词呢？其判断标准如图 4-3 所示。

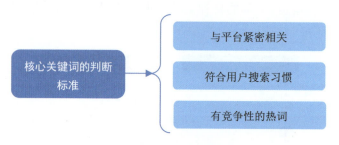

图 4-3　核心关键词的判断标准

关于从什么角度和以什么标准去判断核心关键词的选取，具体分析如下。

（1）与公众号紧密相关。这是微信内容核心关键词选择中最基本的要求，例如，做服装销售的公众号，而关键词却取的是"电脑器材"，这是肯定不行的。核心关键词与整个公众号的主题内容是息息相关的，通常也就是公众号首页的目标关键词。核心关键词要与公众号紧密相关，具体表现如图 4-4 所示。

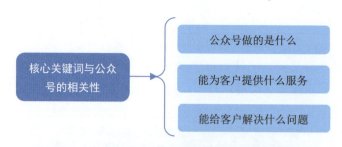

图 4-4　核心关键词与公众号相关性的表现分析

（2）符合用户搜索习惯。做微信公众平台是为了吸引用户，那么关键词的设置也要考虑到用户的搜索习惯。所以在选择关键词的时候，平台可以列出几个核心的关键词，然后换一下角色，思考当自己是用户的时候会怎么搜索，从而保证核心关键词的设置更加接近真实的用户搜索习惯。

(3)有竞争性的热词。很多的词容易被搜索到,其原因之一就是有竞争,只有被大家搜索次数多的词才是最有价值的词,但是这样的词一般比较热。而与其相对的是冷门的关键词,虽然排名好做,但是却没人去搜索,这是为什么呢?在此,就不能不提及关键词的竞争程度了,下面就为大家介绍一下关于关键词竞争程度的判断。关于关键词竞争程度判断的问题,可从以下4个方面来进行分析,如图4-5所示。

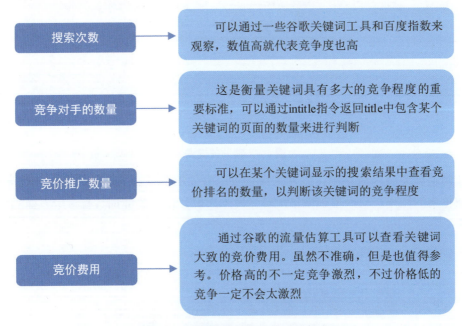

图 4-5 关键词竞争程度的判断角度

4.1.4 辅助关键词:文章意图的精确表达

辅助关键词,又称为相关关键词或扩展关键词,主要是对文章内容中核心关键词进行补充和辅助。与核心关键词相比,辅助关键词的数量更多、更丰富,更加能够说明文章意图,对文章起着一个优化作用。

辅助关键词的形式有很多种,它可以是具体某个词汇,也可以是短语、网络用语、流行词,只要是能为公众号引流吸粉,都可以称为辅助关键词。

辅助关键词通常来源于对用户搜索习惯、搜索兴趣的了解。例如,核心关键词是"核心关键词",那么"什么是核心关键词""怎么确定网站核心关键词"等都是非常好的辅助关键词,如图4-6所示。

在微信公众平台文章中,运营者可以通过对核心关键词进行相应增删得到辅助关键词。例如，核心关键词"摄影构图"与"技巧"这个词组合后，就产生一个新的辅助关键词"摄影构图的技巧"。

图 4-6　辅助关键词

在微信搜索结果展示中，辅助关键词可以有效增加核心关键词的词频，提高微信页面被检索的概率，从而增加微信流量。具体来说，辅助关键词具有多个方面的作用，如图 4-7 所示。

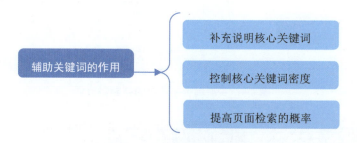

图 4-7　辅助关键词的作用

专家提醒

一个企业公众号，一般核心关键词有 3~5 个，辅助词可以收集到 200 个左右。将这几百个辅助词分门别类后进行 SEO 写作，公众号内容会非常充实，公众号流量和人均浏览量也很容易得到提升。

4.1.5　长尾关键词：吸引读者眼球的短句

长尾关键词是对辅助关键词的一个扩展，且一般长尾关键词都是一个短句。例如，一家 SEO 服务型的平台的长尾关键词就是"哪家 SEO 服务公司好、平台 SEO 优化找谁"等。它的特征是比较长，往往是由 2~3 个词组成，甚至是短语，除了内容页的标题，还存在于内容中。

　　一般来讲，长尾关键词的拓展方式有很多，具体介绍如下。

　　（1）流量统计工具。此工具可以通过统计公众号访问的流量，分析出用户的搜索行为，即用户通过搜索什么关键词而关注了公众号。然后，运营者就能知道关键词的拓展方向，才能使拓展出的关键词具有价值。

　　（2）问答平台。问答平台是网友用来解决问题的直接渠道之一，如百度知道、搜搜问问、天涯问答等。问答平台上虽然充斥着大量的推广和广告问答，但也有大量真实用户的问答。而且，在问答平台中回复网友问题的人，大多数是专家或问题的相关领域工作者，因此，平台中会出现大量具有专业性或口语化的长尾关键词，运营者如果能掌握这一部分的词汇，拓展长尾关键词的难度会减轻很多。

　　（3）站长工具。目前站长工具像站长之家、爱站网、站长帮手都有类似的关键词拓展查询，并给出关键词的百度指数、搜索量以及优化难度，能使运营者拓展出具有一定价值和流量的关键词。

　　（4）搜索引擎的工具。百度竞价的后台就是一种可以用来拓展长尾关键词的搜索引擎工具，还有谷歌的网站管理员工具和百度的凤巢竞价后台，都是非常好的查询关键词的工具，而且在搜索的次数和拓展词量上也比较真实可靠。

　　（5）拆分组合。很常见的一种拓展方式，主要是将公众号目标关键词进行分析拆分，然后再组合在一起，使其变成一个新的关键词，这样可以产生大批量的关键词。虽然与之前的几种方法相比，在性价比上没有那么高，但是可以全方位地进行拓展，将关键词都覆盖住，是一种全面撒网式拓展方法。

　　（6）其他方法。除了以上方法外，运营者还可以自制一些抓取工具，抓取竞争对手或同行公众号中好的长尾词，进行分析和筛选，存入关键词库。又或者是利用一些风云榜、排行榜的数据，收集点击率高的标题，截取中心词来拓展长尾词。

专家提醒

　　长尾关键词带来的客户，转化为网站产品客户的概率比目标关键词高很多。并且存在大量长尾关键词的大中型网站，其带来的总流量非常大。因此，长尾关键词的挖掘既是比较烦琐的工作，也是需要长期去做的事情。

4.2 加深理解：关键词的选择和预测

基于关键词的含义和分类的了解，大家对其在软文搜索和推广方面的作用也就有了一定的认识，接下来就是解决怎样选择和预测关键词的问题。

4.2.1 行业状况：进行清晰透彻的了解

在微信公众平台上，其软文运营一般是针对某一领域或行业而进行的推送，因此，在确定关键词的过程中，首先要做的是对将要进入的领域或行业的关键词概况有一个清晰、透彻的了解。而要实现这一目标，可以从以下3个方面入手。

（1）通过搜索主关键词来确定其行业发展概况，在此主要是根据搜索结果的前5页进行判断和分析，其目的在于了解排名靠前的、有知名度的公众号和网站。

（2）在上述搜索结果中选择一些熟悉的公众号和网站进行了解，包括其成立时间、专业领域、发展规模和主关键词等。

（3）基于（1）的搜索结果，判断其排名靠前的公众号和网站的性质，如果是竞价类和行业类居多，那么可以基本判定该行业的商业发展前景还是比较可观的；如果是企业类和个人类居多，那么那些致力于发展商业用途的公众号就可以考虑是否要在该行业内打造独具竞争性的品牌。

4.2.2 主要分布：找准关键词集中区域

基于上一步的行业概况了解，在确定了行业或领域的情况下，接下来的工作就是怎样找寻这一行业或领域的关键词集合地，也就是找准集中了这一行业关键词的主要分布区域。关于这一步目标的实现，可以通过3种途径解决，如图4-8所示。

图4-8 确定关键词主要分布区域的途径介绍

在行业关键词的主要分布区域中，选择的关键词即为二级关键词，而这些关键词需要通过具体的筛选才能找到公众号定位和搜索的最恰当的关键词——主关键词。在主关键词的获取过程中，运营者需要分析3个方面的因素，如图4-9所示。

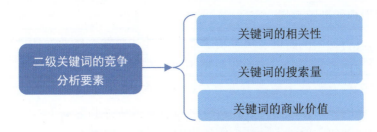

图 4-9　二级关键词的竞争分析要素介绍

通过对其竞争分析要素的了解，从其搜索结果中了解二级关键词的排名情况，选择排名靠前的二级关键词作为公众号运营的目标关键词。

在选择的目标关键词中，随着行业的不断发展，公众号运营的主关键词也应该随之发生变化，这样才能获得更好的推广效果。且这一主关键词的选择还需要具有其本身的发展层次，也就是说，主关键词是需要有发展潜力的目标关键词，这样才能在发展的情况下获取更多的搜索和关注。

4.2.3　用户角度：从习惯着手思考

对于微信公众平台来说，没有质量、没有效率的曝光率自然得不到关注。如果运营者认为产品的品牌影响力还没有能够达到深入人心的地步，那么，可以从产品关键词的设置上入手，通过合理的关键词设置来获得曝光率。

微信营销的优势是能够消除人与人之间的距离感，运营者想知道用户如何搜索，就必须从用户的角度去思考、选词，积累用户的搜索习惯。

1．分析用户的搜索习惯

无论用户是在网站上搜索还是在微信上搜索，用户的搜索习惯始终不会改变。用户搜索习惯是指用户在搜索自己所需要的信息时，所使用的关键词形式。而对于不同类型的产品，不同的用户会有不同的思考和搜索习惯，这时，运营者就应该优先选择那些符合大部分用户搜索习惯的关键词形式。

一般来说，用户在进行搜索时，输入不同的关键词会出现不同的搜索结果。对于同样的内容，如果用户的搜索习惯和公众号所要表达的关键词形式存在差异，那么，页面的相关性会大大降低，甚至会被排除在搜索结果之外，因为大部分的用户在寻找 A 页面，而你提供的却是 B 页面。

因此，运营者在进行关键词设置时，可以通过统计用户在寻找同类产品时所使用的关键词形式，分析用户的搜索习惯，不过这样的关键词只适用于同类产品。

2．分析用户的浏览习惯

一般上网进行搜索的时候，人们大多数都是在用眼球扫描搜索结果。而在扫描过程中，通常只会注意到难的、需要集中精力研究和阅读的文章，往往会无意识地忽略对自己不重要的信息，将主要精力集中在对自己有用的信息上面。所以，人们的扫描除了会受到主观的因素影响之外，还会受到自己眼球轨迹的影响。

据著名的美国研究网站设计师发表的《眼球轨迹的研究》报告显示，在阅读网页时，大多数人的眼球都会不由自主地以 F 形状进行扫描阅读，然后形成一种恒定的阅读习惯，如图 4-10 所示。

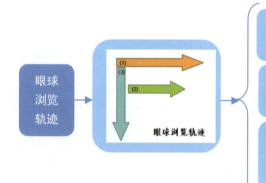

图 4-10　眼球浏览轨迹

运营者知道了大多数人浏览网页的习惯后，就可以沿着这样的眼球浏览轨迹进行关键词设置，以吸引浏览者的眼光。

3．分析用户的阅读习惯

人们的阅读习惯已经从传统的纸张转向互联网，又从互联网延伸到了移动互联网，尤其是微信公众号的发展，移动端成为人们阅读的首选。

4.2.4　对手角度：知己知彼找出优化漏洞

常言道：知己知彼，百战不殆。在设置关键词时，建议运营者深入了解竞争对手的公众号，摸清竞争对手公众号的关键词及布局情况，这样不仅能找到优化漏洞，还能掌握目前关键词的竞争热度，以便进行人力优化部署，具体方法如图 4-11 所示。

图 4-11　从对手角度寻找关键词

4.2.5　百度指数：关键词动态的风向标

百度指数是一个研究关键词的工具，主要以图表的形式显示关键词的搜索量和变化，包括指数探索、数说专题和行业排行栏目。

虽然百度指数是对百度搜索进行的关键词统计，但在这个移动互联网还没有完全统一时代的情况下，网络用户的网站搜索趋势可以代表移动端搜索的趋势，而百度又是人们已经习惯的搜索网站，因此，我们要多关注百度指数的关键词动态。

那么，使用百度指数究竟有哪些好处呢？或者说，百度指数作为研究关键词的工具，有何过人之处呢？笔者将其主要优势总结为如图 4-12 所示的 3 点。

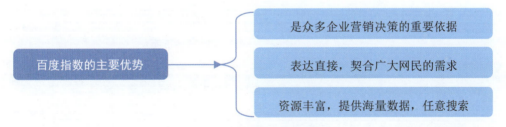

图 4-12　百度指数的主要优势

百度指数的功能包罗万象，为用户提供了诸多便利，具体的功能包括如图 4-13 所示的 5 点。

以"构图"这一关键词为例，在百度指数搜索框输入它，便会出现如图 4-14 所示的页面。我们可以看到，这里会展示"构图"一词的趋势研究，即它的"搜索指数概况"和"搜索指数趋势"。根据图中显示，近一周来"构图"一词的搜索有所下降，整体的趋势则是有涨有落。

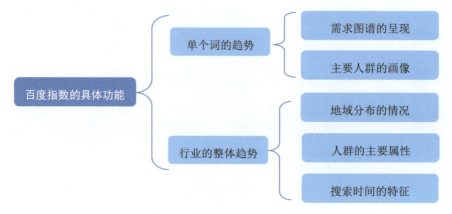

图 4-13　百度指数的具体功能

图 4-14　"构图"一词的百度指数页面

> **专家提醒**
>
> 　　《劝学》一文中提到："君子，善假于物也。"当我们要对某个关键词进行研究的时候，也需要学会巧妙借助百度指数工具，从图上分析关键词的各项指标，诸如"趋势研究""需求图谱""资讯关注"以及"人群画像"等。如此才能使得软文的排名更加靠前，阅读量不断上涨。

4.2.6　八卦新闻：借用热点吸引读者注意

　　谈论八卦是人们生活中不可缺少的娱乐方式，不论是明星的服装搭配、妆容技巧，还是名人的花边新闻、结婚生子等消息，都能引起普通老百姓的热烈关注，而且还形成了"粉丝"这一固定的追星群体。

因此，在设置软文关键词时，我们完全可以紧贴时尚热点，时刻关注八卦新闻，进而将娱乐与软文营销结合起来，达到理想的营销效果。

一般八卦新闻类的公众号也比较容易吸引广大的微信用户，如果想通过八卦新闻来选择关键词，需要注意八卦的选择方向，过于负面的明星八卦会引起明星粉丝的不满，也不利于正能量的传播，不利于公众号的持续发展。

在借用时尚热点、明星八卦设置关键词时，为了达到吸引注意力的目的，需要掌握如图 4-15 所示的 3 个要点。

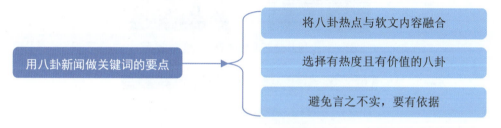

图 4-15　用八卦新闻做关键词的要点

专家提醒

对于明星效应，笔者认为，与其介绍现有的明星还不如制造属于自己公众号的明星，个人的公众号也为数不少。

比如，现在人气火爆的网红，完全是由网友捧起来的明星。所以，我们可以利用当地的热点，借机设置关键字炒作，引起网友热议，达到一鸣惊人的宣传效果，进而推广产品。

如图 4-16 所示，以"一条"在微信公众平台推送的一则软文为例，借助的就是明星效应。

它通过充满噱头的标题来吸引读者的眼球，"23 岁拿影后，零绯闻不炒作，简直是女明星里的一股清流"，然后在讲述明星个人经历和性格特点的过程中，穿插了她代言的品牌的宣传，而"清流"一词则是贯穿整篇软文的关键词。这样一来，不仅巧妙借助了明星效应，同时又突出了关键词，赢得了读者的关注。

再来看"手机摄影构图大全"中提到的"构图君"这一关键词，如图 4-17 所示，采用的就是"名人效应"的方式。

微信公众号运营
100000+ 爆款软文内容速成（第 2 版）

图 4-16　用八卦新闻做关键词的案例展示

图 4-17　"名人效应"做关键词的案例展示

通过使用权威的身份来使得众多的读者信服，同时文章正文和文章的结尾都设置了"构图君"这一关键词，以吸引读者的注意力。这不仅是关键词的设置，同时也是对读者进行的一种暗示，让他们在不知不觉中记住这个名字，留下深刻印象。

4.2.7　季节假日：稳定预测关键词的方式

许多关键词都会随着时间的变化而具有不稳定的升降趋势，因此，学会关键词的预测相当重要。这样的话，就能够随时对关键词进行调整，以争取获得更多阅读量，扩大软文的传播范围。

那么，我们要从哪些方面学习关键词的预测呢？

关键词的季节性波动比较稳定，主要体现在季节和节日两个方面，如服装产品的季节关键词会包含四季名称，即春装、夏装等；节日关键词会包含节日名称，即春节服装、圣诞装等。

关键词：
优化巧用增加曝光

第4章

季节性的关键词预测还是比较容易的，我们除了可以从季节和节日名称上进行预测，还可以从以下方面进行预测，如图4-18所示。

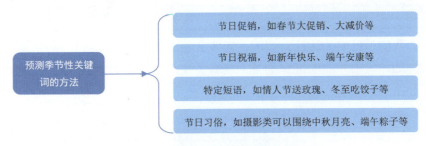

图 4-18　预测季节性关键词的方法

以"手机摄影构图大全"为例，它推送的文章就是根据季节性的关键词进行整理的，如图4-19所示。

图 4-19　季节性关键词之"节日特色"展示

"清明节下雨"，这属于节日特色，同时还结合公众号的特点——"摄影构图"打造了精致的内容，得到了不少读者的关注和好评。由此可见，关键词的预测对于阅读量的提升是有着比较重要的价值的，因此，对关键词进行预测是打造爆款软文必不可少的环节。

专家提醒

值得注意的是，在预测季节性关键词的时候，要时刻关注某个节假日的到来，而且要提前预知。一般来说，季节性的关键词预测是比较好把握的，因为节假日都是固定的，不会有很大的改动。当然，也不排除会有政策的改动导致节假日的变换，但总体来说还是很稳定的。

4.2.8　社会热点：借势预测关键词的方式

社会热点新闻是人们关注的重点，当社会新闻出现后，会出现一大波新的关键词，搜索量高的关键词就叫热点关键词。

因此，我们不仅要关注社会新闻，还要会预测热点，抢占最有利的时间预测出热点关键词。如此一来才能够得到流量，获得关注。下面笔者介绍一些预测热点关键词的方向，如图 4-20 所示。

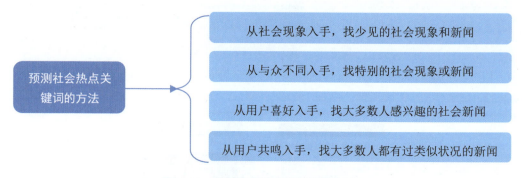

图 4-20　预测社会热点关键词的方法

"哎咆科技"推送的"iPhone 世界杯专属新功能，你还不知道？"一文，如图 4-21 所示。它是以社会热点为关键词的，主要是通过世界杯来引起读者的共鸣，这样的文章也是根据对关键词进行预测之后才撰写出来的。

从评论也可以看出，广大读者对此事多有关注，并纷纷表达自己对于"iPhone 世界杯专属新功能"的看法。

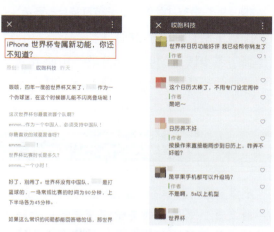

图 4-21　社会热点关键词之"用户共鸣"展示

4.3 学以致用：关键词的植入和布局

在了解了关键词的含义和类别以及如何选择和预测关键词之后，接下来就是如何使用关键词了，本节主要讲述在软文中关键词应该如何植入和布局。

4.3.1 巧妙植入：重点关注位置和密度

在确定了公众号和软文的关键词以及对其设置角度进行了充分思考的情况下，想要关键词发挥其提升搜索率的作用，就必须在软文运营和撰写中植入关键词，在必要的情况下还应该对关键词进行拓展，这样才能最大限度地利用关键词。

关于关键词的植入，具体说来，应该注意以下两个方面的问题。

（1）关键词植入的位置。从这一方面来说，基于关键词在提升搜索率方面的作用，因此，有必要在 4 个位置进行关键词植入，如图 4-22 所示。

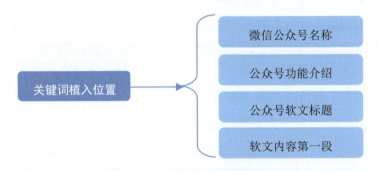

图 4-22　关键词的植入位置介绍

（2）关键词的植入密度。无论是在公众号功能介绍中还是在软文内容中，关键词的植入都不应显得过密，否则会影响内容主旨的表达和软文的美感。例如，在公众号功能介绍中，关键词可植入的次数不应超过 3 次。而在软文正文中，撰写者如果想要通过植入更多的关键词来提升搜索率，可以选择拓展主关键词来实现这一目标。

4.3.2 不断拓展：提高软文的搜索率

关键词的拓展是提升软文搜索率的重要途径，也是撰写公众号软文必须进行的工作，只有这样，才能在保证软文可读性的同时增加其关注度。而要对主关键词进行拓展，可以通过以下几种方式实现，如图 4-23 所示。

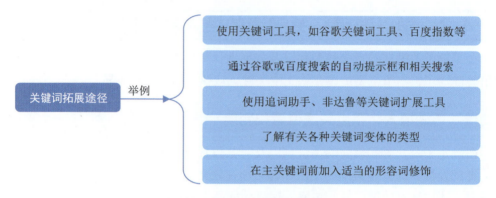

图 4-23　关键词的拓展途径举例

4.3.3　布局方式：依据篇幅确定次数和位置

在软文的撰写过程中，其关键词的植入除基于密度因素的考虑，还应该根据篇幅的不同进行关键词的不同次数和不同位置布局。

一般说来，软文的篇幅可分为 1000 字、800 字和 500 字这 3 种，而软文文字的多少是影响关键词出现次数的重要因素。因此，在此分别对不同篇幅的软文的关键词布局进行介绍和分析，具体内容如下。

1．篇幅为 1000 字的软文关键词植入

字数为 1000 字左右的软文是一篇篇幅较长的软文，其关键词植入次数应该维持在 5～8 次。这样既可以让软文有着可观的搜索率，又可以保证软文的可读性，不至于因为关键词过多或过少而影响公众号软文的正常运营。

2．篇幅为 800 字的软文关键词植入

字数为 800 字左右的软文是介于 500 字和 1000 字之间的软文，因而其关键词植入既可选择靠近 1000 字篇幅的软文，也可选择靠近 500 字篇幅的软文。而从其段落划分和结构布局来看，800 字篇幅的软文是更接近于 500 字篇幅的软文的，因而在软文正文中植入与其等同的关键词次数明显更利于公众号软文的运营。

3．篇幅为 500 字的软文关键词植入

在篇幅为 500 字的软文撰写过程中，撰写者可以在正文中植入主关键词 4～6 次，这是这一篇幅范围内的关键词植入基本频率。撰写者不能为了提升搜索率，在正文中盲目植入关键词，否则，将带来不利影响，如图 4-24 所示。

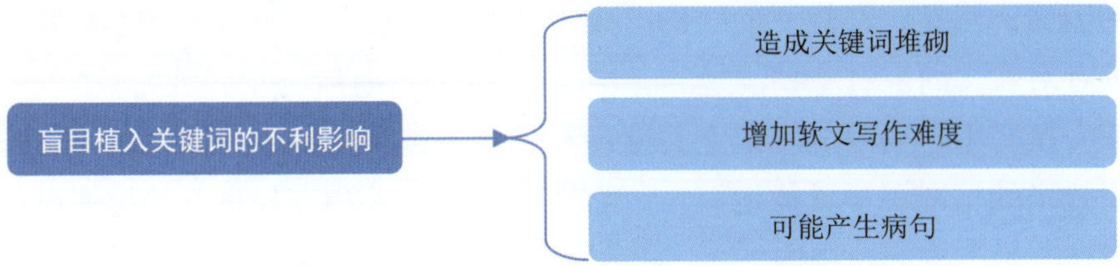

图 4-24　关键词盲目植入的不利影响

4.3.4　巧妙布局：长尾关键词的植入位置

在微信公众号软文中，能提高阅读量的因素除了主关键词之外还有长尾关键词，而且长尾关键词是占据着关键词植入和布局的重要地位的组成部分。深入挖掘长尾关键词，可以更好地贴合人们的阅读和欣赏习惯，能够帮助读者更好地了解软文内容的中心思想。

因此，在软文撰写过程中，是需要尽可能巧妙地植入长尾关键词这一吸睛利器的。那么，应该怎样植入和进行布局长尾关键词而不影响软文的正常运营呢？具体说来，可从软文的组成——标题和正文方面考虑，主要内容如下。

1．软文标题

在搜索引擎优化的概念范畴内，软文标题可以说是一个完全能与正文等同的概念存在。一般来说，一篇软文，只要有一个能入得了读者眼的标题，那么这篇软文可以说已经成功了一半。

因此，在布局长尾关键词时，必须把软文标题考虑进去，从读者的关注点出发，利用搜索引擎搜索时的分词功能，尽可能地巧妙植入，这有可能产生非常重要的影响，如图 4-25 所示。

图 4-25　长尾关键词巧妙植入标题中的影响分析

2．软文正文

在正文中，软文的长尾关键词布局也有着诸多的方法，其中之一就是在开头的时候利用长尾关键词构成文章的中心内容，回答软文内容"是什么"的问题。

在此，长尾关键词不仅仅是能提升搜索率的概念存在，它还是软文结构组成中不可或缺的因素。当然，在软文的结构组成中，长尾关键词还可以充当小标题来使用，以便于读者对软文内容有一种清楚的、层次分明的意识存在。

在软文撰写中，要时刻牢记主关键词和长尾关键词的植入价值，在不影响软文审美和传播效果的情况下尽可能地植入。当然，这种植入和布局也不是越多越好，而是应该保持在一个适度的范围内。

4.3.5 优化方式：拆分机制和多样的形式

根据关键词的布局方式具体考虑怎样对其进行优化，以获得更多的关注和更好的搜索率也是微信公众号软文撰写中的重要问题。一般来说，主要可以从两个方面进行考虑，具体内容如下。

1. 关键词的拆分机制

在搜索引擎中，人们发现，在没有设置特殊搜索公式时，其搜索词汇往往是能分开显示的，基于这一搜索事实，利用关键词拆分机制是进行优化的有效措施。

例如，关键词"长沙学技术"进行拆分后，在"长沙学汽车维修技术去哪里最好"和"在长沙学什么技术就业好找工作"的标题中都可分开显示出来。

可见，利用优化关键词的拆分机制策略来提升搜索率的作用是毋庸置疑的，具体如图 4-26 所示。

图 4-26　关键词优化的拆分机制作用介绍

当然，关键词的拆分机制在有着十分重要的作用的同时，还是要遵循一定的优化规则的，具体如图 4-27 所示。

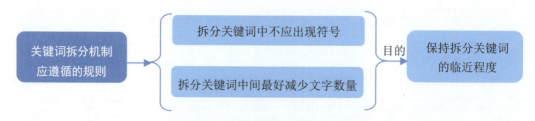

图 4-27　关键词拆分机制的规则介绍

2. 关键词的多样形式

对于软文而言，只要其始终是围绕一个中心展开的，无论它是采取什么样的表达方式，它最终还是能完整、完美地展现软文内容和主旨的，这对于关键词优化而言同样适用。

在增进关键词的优化上，无论关键词的形式是怎样的——一句话、一段文字或一篇文章，只要其能完整地涵盖关键词的意思并能被搜索到，它都将提升软文的相关度，从而实现搜索的主关键词的优化。

4.3.6 排名优化：让文章被更多人看见

微信搜索的排名优化主要是对微信文章及公众号的排名做优化，优化的方法有很多，但是能够带来显著排名变化的优化方法却很少。不过，值得庆幸的是，还是有一些技巧可以让排名明显改观的。

根据笔者经验，在对排名进行优化的时候，图 4-28 所示的 9 种技巧可供运营者学习参考。

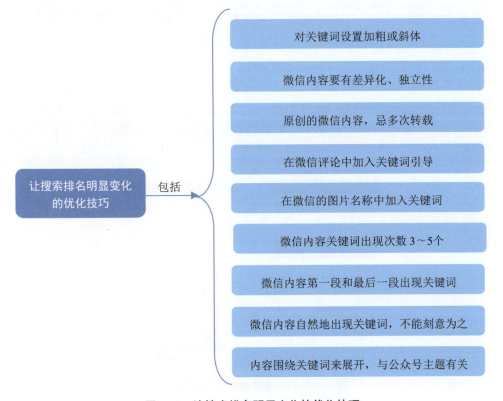

图 4-28 让搜索排名明显变化的优化技巧

以"手机摄影构图大全"推送的文章为例,它不仅在内容的末尾添加了关键词"构图",而且还是与公众号相关的关键词,比如"构图大全""构图技巧"。值得一提的是,文章末尾的链接也对账号本身的内容进行了推广,使得公众号的相关内容能够广泛传播,如图4-29所示。

图4-29 优化排名的技巧展示

此外,在评论区域,作者还加入了"构图"这一关键词进行引导,这些优化技巧都为提升文章的搜索排名提供了良好的基础,同时也有效促进了文章的传播,为公众号赢得了不少粉丝。

再来看图4-30所示的这篇微信公众平台文章内容,"构图"这一关键词至少出现了5次,而且正文也都是围绕"构图"展开的,第一段和最后一段都出现了"构图"一词。

由此可见,"手机摄影构图大全"的排名优化确实做得比较到位,这也是它能排名靠前的原因。

图4-30 关键词多次出现的文章展示

专家提醒

如果想要让文章的排名明显改观,就必须认真在文章中嵌入已经确定或者选好的关键词,懂得如何完美结合且不露痕迹。这不仅能够提升排名,而且可以推广文章,塑造影响力。

总而言之,细心经营、步步为营才是提升排名和阅读量的重点。因此,不能心急,只能心细。

4.3.7 搜索优化:妙用符号提升曝光

微信用户在微信文章搜索中使用关键词搜索时,通常,搜索结果中用"()""【】"等符号连接的关键词也会显示出来。因此,运营者在发布公众号文章时,可以采用符号连接关键词的方法提高排名。

在优化关键词搜索的时候,我们可能会遇到各种各样不同的符号,那么,这些符号究竟对关键词分隔有哪些影响和意义呢?下面分别介绍6种标题中特殊的符号,如图4-31所示。

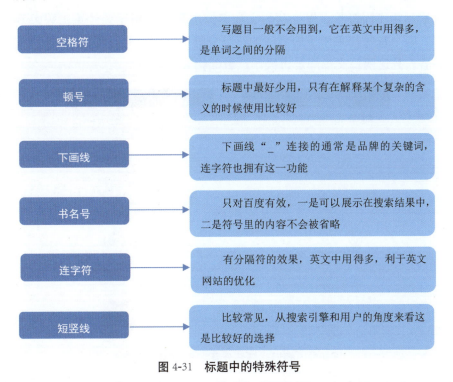

图 4-31 标题中的特殊符号

以微信搜索为例,在搜索框中输入固定的关键词,比如"构图连载""深度构图",如图 4-32 所示,就会发现虽然输入关键词不相同,但是显示的内容却是同一个公众号的。

图 4-32　微信文章搜索结果页面

再来看运用不同符号设置标题的文章案例,图 4-33 所示为"花王碧柔 Biore"推送的文章。两个标题都采用了短竖线的符号分隔关键词,关键词"小柔科普堂"都是品牌的科普,且这两篇文章都是讲换季过敏的相关内容。

图 4-33　短竖线符号分隔关键词的案例展示

除了短竖线和以上提到的几种符号可以分隔关键词之外，还有一种符号也可以做到，即"【】"。这一种符号特别受"innisfree悦诗风吟"公众号的喜爱和青睐，图4-34所示为其推送文章标题中使用的符号。

从图中可以看出，"innisfree悦诗风吟"公众号特意用"【】"将关键词如"福利"和"新品"分隔开来，就是为了搜索优化，提升文章的曝光率，让更多的读者看到这篇文章，从而购买产品。

图4-34 "【】"分隔标题关键词的案例展示

专家提醒

由此可见，微信搜索的关键词搜索匹配度算法非常高，运营者运用在"【】"中连接关键词的方法达到了优化目的。

4.3.8 排名下降：不同情况的应对技巧

关键词排名下降和上升是很正常的事情，比如，排名下降幅度在个位到十位之间，一般从连续记录的关键词排名数据汇总中可以看出哪些关键词下降了。若是大部分的关键词排名同时下降，优化人员该如何应对？

当关键词排名出现了明显的下降时，我们肯定不能坐视不管，而是要想出相关的对策来解决。

通常，关键词排名的下降分为两种情况，那么，我们到底应该怎么分别应付这些状况呢？笔者将其技巧进行了如图4-35所示的分析。

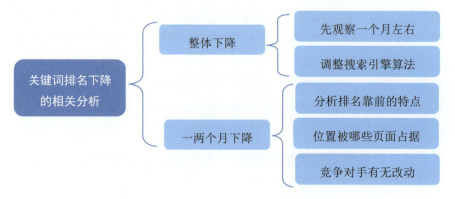

图 4-35 关键词排名下降的相关分析

以"手机摄影构图大全"为例,为了应对一段时间内排名下降的问题,对相关的公众号进行了调查研究,得出了排名靠前的摄影类公众号的特征,具体内容如图4-36所示。

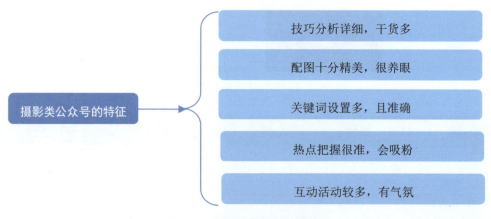

图 4-36 摄影类公众号的特征

专家提醒

得出这些结论后,"手机摄影构图大全"没有停止探究,它不仅总结了竞争对手的优点,而且还对自己的不足做出了反思,比如推送内容不够多元化、推送时间没有把握好等。

为了弥补自己的不足,它对各大人气摄影公众号进行了考察,重点的考察对象是"玩转手机摄影",图4-37所示为其推送的相关内容。

图 4-37 "玩转手机摄影"的推送内容

从图中不难看出,这个手机摄影的公众号是具有自己的特色的,主要体现在如图 4-38 所示的 3 个方面。

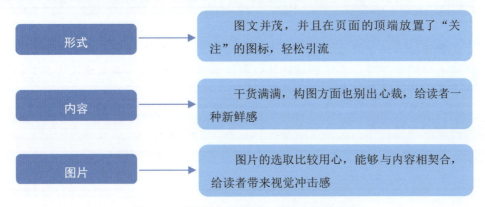

图 4-38 "玩转手机摄影"推送内容的特色

在看到竞争对手的特色之后,"手机摄影构图大全"找到了自己能够脱颖而出的技巧,即"构图"。从"构图"出发,紧扣热点、采用更加精美的图片作为陪衬,利用"构图技巧""摄影构图"等来充实文章内容。如此一来,就可以有效解决排名下降的问题了。

图 4-39 所示为"手机摄影构图大全"调整关键词后的搜索页面,不难看出,在微信搜索界面中,它的排名明显上升了。用绿色标示的字眼是关键词,同时也是读者找到文章的重要依据。

图 4-39 "手机摄影构图大全"的关键词搜索结果页面

专家提醒

　　关键词排名的下降往往意味着文章被读者阅读的可能性大大降低,因此转化的概率也会随之下降。在遇到这种情况时,如果置之不理,甚至都没有察觉,那么就会失去打造爆款文案、轻松盈利的机会。

　　因为 10W+ 爆款软文的产生并不仅仅是靠写作,它还要靠细心的经营,唯有写作与经营相辅相成,才能打造出盈利无数的爆款软文。

第5章
内容为王：写作方法为你助力

学前提示

对于微信公众号运营而言，其主体运营还是软文内容的生成，也就是怎样打造差异化内容，进而赢得用户关注的过程。

针对这一问题，本章将从内容生成、开头结尾、正文布局和表现技巧进行论述。

◎ 内容生成：六大要求把握编辑规则
◎ 开头结尾：6种方法吸引读者阅读
◎ 正文布局：9种形式有序引导阅读
◎ 运营升级：四大技巧让内容决胜千里

5.1 内容生成：六大要求把握编辑规则

在微信公众号运营和软文撰写过程中，软文正文是除了标题之外的另一大需要重点关注的部分。因为，只有拥有了好的标题之后再匹配上足够好的正文的软文才能称得上是一篇真正优秀的软文。那么，在软文正文的撰写和生成中，撰写者应该怎样操作呢？下面就针对软文正文撰写时需要注意的几点要求进行论述，以期帮助读者从总体上把握正文内容的编辑规则。

5.1.1 创意构思：七大常用妙招

在社会生活中，到处存在着充满创意的事物，这种创意的存在既是生产和销售的需要，也能满足用户的各种需求。这同样适用于软文正文内容的创作，尤其是在文章构思方面。关于软文的创意构思的具体内容，可以从多个方面进行借鉴，如图 5-1 所示。

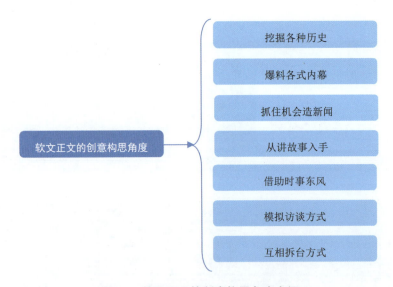

图 5-1 软文正文的创意构思角度介绍

从图 5-1 中可知，要对软文进行创意构思，还是有着诸多方法的，下面就对这些方法进行详细介绍。

1. 挖掘各种历史

在软文撰写过程中，其撰写对象无非是企业及其产品和品牌，因此，为了让读者对企业的相关方面进行了解，就可以从历史角度对其发展进行描述，以使软文利用厚重的历史感或新锐企业的发展强劲感来打动读者。那么，具体说来，宣传软文撰写主要可以涉及的历史方面有 3 个，如图 5-2 所示。

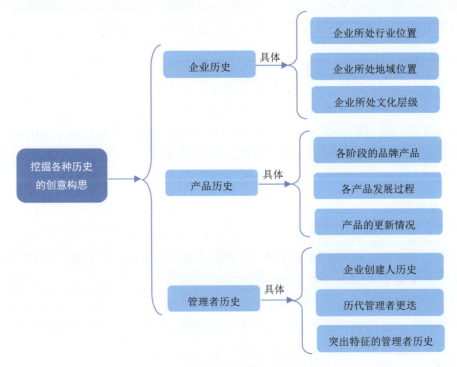

图 5-2 挖掘各种历史的创意构思分析

2．爆料各式内幕

读者基于其好奇和窥探的心理需求，总是会对一些不为外界所知的情况感兴趣。从这一角度出发，在撰写软文时，可以通过爆料各式内幕来进行构思，一方面可以吸引读者的注意力，另一方面可以帮助读者更多地了解企业及其品牌和产品，从而增强信服感和价值感。具体说来，可从以下几个方面着手。

（1）内部运作方面：从这一方面而言，它是每个人都熟悉的，并经过长时间的实践，有着这方面的丰富的经验和技巧，在企业允许和不涉及隐私的情况下进行爆料，不失为一种明智的创意构思方式。例如，企业微信公众号运营的各种流程就可以作为爆料的具体实例。

（2）商业信息方面：从这一方面来说，其实也是一种具有实践性的信息分享。通过企业在商海沉浮过程中的发展经历，披露一些具有阅读和借鉴价值的行业信息也是一种有效地进行内幕爆料的构思方式。

（3）未公开信息方面：从这一角度来说，更多的是一种企业发展和产品、品牌的前期蓄势宣传。一般选择的是企业将要发展的方案部署、下一期新品等，如一些知名的未上市企业将要上市的宣传，抑或是下一季将推出的新品特点，其实质还是借助这些未公开的信息吸引读者的注意，进一步借宣传为企业发展提供助力。

3．抓住机会造新闻

如果说上面提及的未公开信息爆料主要适用于大型的知名企业，那么抓住机会造新闻是一种能帮助中小企业进行软文宣传的方式。

在软文撰写过程中，撰写者可以借助高大上的交易信息或参与活动来吸引读者眼球，例如，该企业与某一大型企业进行了某一方面的商业合作，受邀参加了一些知名的、大型的活动和会议等，都可以作为中小企业造新闻时应该抓住的机会。

4．从讲故事入手

讲故事是一种常用的写作切入手法，各种文学名著中不乏这类手法的运用，如《红楼梦》就是引入了上古传说故事来进入正题的。那么，在软文正文中，应该怎样以讲故事的方式来布局内容和宣传企业及其产品呢？

首先，撰写者应该对讲故事的具体目的进行考虑，在此，软文正文中以故事切入的最终目的是对故事设计的产品和品牌等进行宣传，而不是在于故事的娱乐性，从其实质来说，讲故事只是实现产品宣传的媒介和途径。

其次，撰写者应该思考故事的来源，从这一方面来说，可以对国内外热点进行关注并加以结合，就可以在讲故事的同时达到软文宣传的目的。

最后，撰写者还应注意软文对故事内容的要求，这也是由软文的宣传性质决定的。具体说来，切入软文的故事必须具备3个方面的特性，即知识性、趣味性和合理性。

5．借助时事东风

利用自带流量的热点这一东风，可以顺势提升软文的关注点和公众号粉丝。但是在借助时事热点的东风的过程中，不能让宣传的对象独立于时事热点之外，也就是说，应该把时事热点与软文宣传点、利益点紧密结合，在找准切入点的基础上借的东风才是软文宣传真正的东风。

6．模拟访谈方式

相较于文字陈述的方式，那种双方或多方对话的访谈方式更加易懂，更易阅读，因为访谈的方式都是以一对一、一对多的问答形式进行的，更有利于问题的解答和深入了解。因此，在软文撰写过程中，访谈式的软文撰写也是一种效果较好的创意构思。

7．互相拆台方式

这种方式主要是基于二者之间关系的宣传方式，如两个企业之间或两个名人的作秀炒作等。它通过在二者之间制造矛盾的关系来使得宣传更具趣味性和曲折性，由此吸引读者的注意。这是娱乐宣传的一种常用的方式，延伸发展为软文的创意构思最好的撒手锏。

5.1.2　单一形式：各有特色的表达

软文的形式可以是多样的，而且，这些形式都拥有独属于自己的特色，是其他形式所不可比拟的。因此，微信公众号运营者要将每种形式都掌握好。

微信公众平台运营者用来发布正文的这些不同的形式，能给读者带来不同的阅读体验，丰富读者的阅读生活。总体说来，微信公众平台发布正文的形式包括如图5-3所示的6种形式。

图5-3　微信公众平台发布的正文的6种形式

其中，单一的软文表达形式包括文字式、图片式、语音式和视频式4种，在此分别进行介绍。

1．文字式

文字式的微信公众平台正文指的是除了邀请读者关注该微信公众平台的图片或者是文章尾部的该微信公众平台的二维码图片之外，文章要表达的内容都是用纯文字描述，没有嵌入一张图片的文章。

在微信公众平台上，有这种形式的正文存在，但不是特别常见。因为这种形式的正文，如果字数过多、篇幅过长，很容易引起读者的阅读疲劳以及读者的抵触心理。所以，微信公众平台运营者在推送文章的时候，应尽量少用这种形式来传递正文。图5-4所示为微信公众号推送的用纯文字形式来传递软文正文内容的案例。

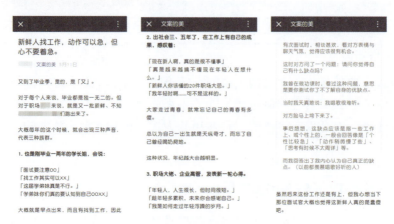

图 5-4　纯文字形式的微信公众平台正文

2．图片式

微信公众平台推送的图片形式的正文，指的是在整篇软文中，其正文内容都是以图片形式表达的，没有文字或者文字已经包含在图片里面。全部利用图片来构成正文的软文，当读者点击页面时，公众号软文界面会呈最大显示，并可以以左右翻动图片的方式来浏览软文。图 5-5 所示为"伟大的安妮"公众号发布的图片式正文案例。

图 5-5　"伟大的安妮"公众号发布的图片式正文案例

3．语音式

语音式的微信公众平台正文，是指平台运营者将自己想要向读者传递的信息通过语音的形式发送到平台上。这种形式可以拉近与读者的距离，使读者感觉更亲切。图 5-6 所示为"大鹏嘚吧嘚"微信公众号以语音形式传递软文正文内容的案例。

图 5-6 "大鹏嘚吧嘚"微信公众号以语音形式传递正文内容的案例

关于语音这一内容表现形式，微信公众平台的运营者可以先将语音录到电脑里，然后再进行上传。

4．视频式

视频形式传递软文正文内容是指各大商家可以把自己要宣传的卖点拍摄成视频，发送给广大用户群。它是当下热门的一种传递微信公众平台软文正文内容的形式。

相比文字和图片，视频更具备即视感和吸引力，能在第一时间快速地抓住受众的眼球，从而达到理想的宣传效果。以"十点视频"微信公众平台为例，它每天都会为用户推送视频，图 5-7 所示为"十点视频"推送的视频内容。

图 5-7 "十点视频"微信公众号以视频形式传递正文内容

微信公众平台运营者可以将想要发布的视频上传到微信公众平台上，再保存到素材库中，然后在发布视频的时候选择"从素材库中选择"选项，或者将视频保存到计算机中，然后通过"新建视频"选项来添加视频。

5.1.3 混合形式：多种多样，异彩纷呈

在软文正文内容的形成过程中，利用单一的表达形式发布软文比较少见，一般的微信公众平台多是利用两种或两种以上混合的表达形式发布软文。在此，以图文结合式和综合混搭式为例进行介绍。

1．图文结合式

关于图文形式，其实就是将图片与文字相结合的一种形式。微信公众平台正文的呈现形式可以是一张图也可以是多张图，这两种不同的图文形式，呈现出的效果也是不一样的。如果微信公众平台发布的是一张图消息，那么点开文章，可以看见的是一张图片配一篇文字，如图5-8所示。

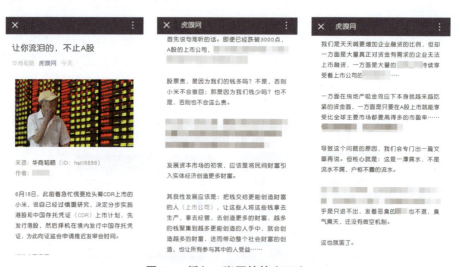

图5-8 插入一张图的软文正文

如果微信公众平台发布的是多张图的消息，那么点开文章看见的就是一篇文章中配多张图片，如图5-9所示。

2．综合混搭式

微信公众平台运营者除了可以运用上述几种类型的方法向读者传递微信公众平台正文之外，还有一种形式用于传递平台正文也是非常不错的，那就是综合混搭式。

第5章 内容为王：写作方法为你助力

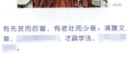

图 5-9 微信公众号多张图软文正文呈现

顾名思义，综合混搭式就是将上述传递平台正文的 4 种形式中的一部分综合起来，运用在一篇文章里。

这种形式可谓是集几种形式的特色于一身，兼众家之所长。这种形式能够给读者最极致的阅读体验，让读者在阅读文章的时候不会感觉到枯燥乏味。微信公众平台运营者运用这种形式传递软文正文内容，能够为自己的平台吸引更多的读者，提高平台粉丝的数量。

图 5-10 所示为"果壳网"微信公众号使用的综合形式的传递微信公众平台正文的案例。

图 5-10 "果壳网"微信公众号以综合形式传递软文正文内容

专家提醒

需要注意的一点是,微信公众平台以综合形式向读者传递正文内容并不是指在一篇文章中要出现所有的形式,只要包含3种或者3种以上形式,就可以被称为是以综合形式传递正文。

就目前而言,将每种形式都包含在一篇文章里面的微信公众平台还比较少,但一篇文章中包含3种或者3种以上形式的还是比较常见的。

5.1.4 逻辑构建:条理清楚,布局合理

在微信公众号运营的过程中,其粉丝的来源是基于读者进行的两个方面的基本动作,即打开和转发。

打开是获取粉丝的基础动作,读者只有在点击阅读的基础上才能引发转发,而软文的打开率高也从某一方面说明了该微信公众号的用户流量和活跃度还是比较可观的。打开率越高,引发下一个转发动作的概率就越大。

转发的前提是打开的软文能直击读者心灵,是建立在优质软文内容的基础上的。优质软文内容的生成需要撰写者有一个条理清楚、布局合理的逻辑。

图5-11所示为一个名为"开始吧"的微信公众号的软文案例。

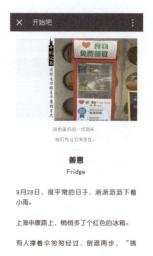

图5-11 "开始吧"微信公众号软文

图5-11中所示的软文打造了一个独特的文章逻辑,总体说来,可以分为3个部分,具体分析如下。

1. 第一部分：价值观呈现

在软文的开头，"别怕美好的一切消失，咱们先让它来存在"这句能表现撰写者价值观的话语传达出来，不仅是对软文本身价值的提升，还是平台及其运营者对美好人生信念的传达，更是引导后文的切入点和关键线索。

2. 第二部分：打造极致生活

基于软文开头的价值观，用"善意"进行衔接，并在接下来的软文第二部分对要宣传的事件和生活事例进行了介绍。

一家饭店的老板在烦恼于品相不好的食物或即将过期的食材浪费的情况下，一个偶然的机会看到了一个"分享冰箱"的相关新闻并受到启发，在保证食品安全的情况下为一些需要的人提供了帮助。

"分享冰箱"的方式是一种目前社会生活中积极生活方式的体现，既可以让读者产生阅读的兴趣，又可以通过饭店老板这种公益性的善意行为感动读者，从而积极转发，为公众号带来源源不断的新用户。

3. 第三部分：表露情感

在读者看完第二部分并因其中包含的情感而产生心灵触动的情况下，为了进一步打动读者，引发第二次传播，软文撰写者在第三部分对第二部分中提及的事件和社会行为进行了进一步的情感抒发：

"小而美的公益项目，真的需要每一个人的支持和爱护。也许，'分享冰箱'就是一块试金石。"

以此结尾作为软文逻辑的第三部分内容，把人类最真实的、最朴素的情感呈现出来，组成了软文必要的构成元素和细节主线，这是对宣传的最好包装和支撑，也是最能激起读者情感共鸣的途径之一。

从图 5-11 可以看出，在软文中，情感是软文最需要突出和表现的，无论是价值感还是极致化的生活方式，都是对情感的最好阐释。从价值观方面来说，它需要靠情感来体现，而不只是软文精美的内容和完整的故事描述；从极致化生活方式来说，它也需要情感，并是情感蓄积和逐渐发酵的媒介，使得读者在感受极致生活方式的同时也受到情感的激发。

可以说，软文的逻辑构建是需要诸多因素的，其中价值观、极致生活风格和情感是必备的因素，它们以一种合理的次序构成了软文的逻辑。

5.1.5 设计情绪点：让用户掌握主动权

在软文的撰写过程中，情绪点的设计是必需的，这是让用户觉得有转发价值的内容制定标准。提升转发量是公众号运营的主要目标，也是获取更多粉丝的主要条件和要求。

而在软文中设置情绪点时，必须有着一个清醒的认识，即软文情绪点的概括和提炼必须是有准备的。也就是说，软文所要表现的每一个情绪点既可以是读者在文中直接看到的情绪点，也可以是供选择的情绪点，但不能是需要用户去思考和深入概括的情绪点。

一方面，这些情绪点的清晰呈现，可以帮助读者非常容易地实现触发，并通过这些触发来传达出软文信息和情感方面的价值。

另一方面，软文情绪点的设置，还必须是可供读者选择的，而不是单一的。这样的设置可从两个方面提升软文的转发率，实现公众号软文引流的目标。

- 多点选择设置，可以让不同的人从中感受到软文所要表现的内容和价值。只要有一个情绪点能够起到引导转发的行为，即使其他情绪点并不被认可，其转发目标还是能够实现的。
- 可供选择的多点设置，可以基于读者站队心理的考虑来收获流量。在可供选择的情绪点之间，读者总是会思考"自己对这一观点是认同还是不认同的？"的问题，直接带给了读者一个选择题。关于可供选择的某一情绪点，不论是认同还是不认同，读者总会产生一种分享的行为，迫切期待别人的答案或希望自己的观点能获得别人的认可。

综上所述，在情绪点的设置上，在软文撰写过程中为读者提供可供选择的选择题式的触发点要比提供需要读者概括的触发点清晰明白得多，也要有效得多。前者是获取大量流量和转发的有效方法，能更好地促进和支撑平台的运营。

5.1.6 长图文形式：考虑读者的阅读体验

在软文内容的生成过程中，除了上面提及的撰写技巧和需要掌握的事项外，还有一个需要注意的方面，那就是基于读者阅读体验方面的思考——相对于长文章而言，读者更乐于选择阅读长图文。关于这一问题，主要可以从长图文的两个价值方面进行分析，具体内容如下。

1. 电影片段式的阅读感受

用图片作为主线的软文，是更容易让读者产生阅读兴趣的。这就好比电影和影视剧本，对大多数人而言，人们更愿意观看的是具有画面丰富感和真实展现生活场景的电影，而对于动辄几十万字的影视剧本的阅读兴趣是会大大降低的，比起枯燥的剧本，人们更喜欢生动的电影。

长图文和长文章也是如此。在长图文的阅读过程中，人们可以基于软文中的数十张图片在脑海中构建成一个个电影片段。

在构建的电影片段式的阅读中，不仅可以感受到图片和软文丰富的美感，还能就其中的各种转折感受到撰写者想要表达的各种情绪上的起承转合，大大丰富了软文内容并提升了价值。

2. 视觉享受的阅读效果

相较于文字而言，图片不仅能在视觉上带给人们更美的感受，还能从其内容呈现上带给读者更多的信服感。因为一般人会这样认为：一张图片的形成所要花费的心思比单纯的文字要多得多——前期的素材获取和后期的编辑都是需要制作者花费巨大精力的。

因此，在阅读长图文时，读者一般会意识到软文的图文具有很大的欣赏价值，还会意识到软文的撰写者是下了功夫去创作的。

基于以上考虑，读者往往会选择点击阅读，进而转发、收藏和评论，而后面这3种行为是优秀软文所要达到的目标，也是公众号运营的目标所在。可见，通过长图文，公众号运营和软文宣传的最终目的更容易实现。

5.2 开头结尾：6种方法吸引读者阅读

对于一篇微信公众平台文章来说，其开头的重要性仅次于文章标题及文章主旨。所以，平台编辑在写文章的时候，一定要注意在开头就吸引住读者的目光。只有这样才能让读者产生继续阅读下去的念头。

而一篇优秀的微信公众平台文章，不仅需要有好的标题、开头以及中间内容，同样也需要有符合读者需求、口味的结尾。

5.2.1 打造精彩：吸引读者的开头技巧

让运营者能够用一个好开头赢得读者对公众号的喜爱，从而吸引到大批的粉丝和关注是软文撰写的主要目的。基于这一思考，下面介绍一下软文正文开头的5种写作技巧。

1．激发联想型

微信公众平台的编辑在写想象与猜测类型的正文开头时，可以稍稍运用一些夸张的写法，但不要太过夸张，基本上还是倾向于写实或拟人，能让读者在看到文字的第一眼的同时就能够展开丰富的联想，猜测在接下来的文章中会发生什么，从而产生强烈的、继续阅读文章的欲望。

在使用想象与猜测类型的文章开头的时候，要注意的就是开头必须有一些悬念，给读者以想象的空间，最好是可以引导读者进行思考。

2．平铺直叙型

平铺直叙型也被称作波澜不惊型，表现为在撰写正文开头时，把一件事情或者故事有头有尾、一气呵成地说出来，平铺直叙，也有的人把这样的方式叫作流水账，其实也不过分。

波澜不惊型的方式在正文中使用的并不多，更多的还是存在于媒体发布的新闻稿中。但是，在微信公众平台正文的开头中也可以选择合适的时候使用这种类型的写作方法，例如重大事件或者名人明星的介绍，通过正文本身表现出来的重大吸引力来吸引读者继续阅读。

3．开门见山型

开门见山型的文章开头，需要作者在文章的首段就将自己想要表达的东西都写出来，不躲躲藏藏，而是干脆爽快。

微信公众平台的软文编辑在使用这种方法进行软文正文开头创作的时候，可以使用朴实、简洁等能清楚表达的语言，直接将想要表达的东西写出来，不用故弄玄虚。

在使用开门见山型的正文开头的时候，要注意的是，正文的主题或者事件必须足够吸引人，如果主题或者要表达的事件无法快速地吸引读者，那这样的方法最好还是不要使用。

4．幽默分享型

幽默感是与他人之间沟通时最好的武器，能够快速搭建自己与对方的桥梁，拉近彼此之间的距离。

幽默的特点就是令人高兴、愉悦。微信公众平台文章的编辑如果能够将这一方法应用到文章的正文开头写作中，将会取得不错的效果。

在微信平台上，有很多的商家会选择在文章中通过一些幽默、有趣的故事做开头，吸引读者的注意力。相信没有人不喜欢看能够带来快乐的东西，这就是幽默故事分享型正文开头的存在意义。

5．经典引用型

在写公众平台文章时，使用名言名句开头的文章，一般会更容易吸引受众的眼光。因此，公众平台编辑在写公众号文章的时候，可以多搜索一些与文章主题相关的名人名言，或者是经典语录。

在公众平台文章的开头，编辑如果能够用一些简单、精练同时又紧扣文章主题且意蕴丰厚的语句，或者使用名人说过的话语、民间谚语、诗词歌赋，能够使文章看起来更有内涵，而且这种写法更能吸引读者，可以提高公众平台文章的可读性，以及更好地凸显文章的主旨和情感。

除了引用名言名句，还可以使用一些蕴含道理的故事作为文章正文的开头。小故事一般简短但是有吸引力，能很好地引起读者的兴趣。

5.2.2 出彩开篇：开头的四大撰写要素

对微信公众平台上的文章来说，正文的开头对一篇文章是很重要的，决定了读者对这篇文章内容的第一印象，因此要对它极为重视。

微信公众平台上，一篇优秀的文章，在撰写正文开头时一定要做到以下 4 点，具体如图 5-12 所示。

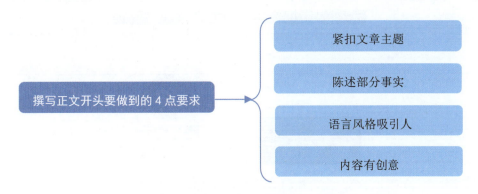

图 5-12　撰写软文开头要做到的 4 点要求

5.2.3 印象深刻：以首尾呼应法结尾

首尾呼应法，就是常说的要在文章的结尾点题。微信公众号软文编辑在进行文章撰写的时候，如果要使用这种方法结尾的话，就必须做到首尾呼应——文章开头提过的内容、观点，在正文结尾的时候再提一次。

一般来说，大多数微信公众平台的软文是采用"总—分—总"的写作方式，结尾大多根据开头来写，以达到首尾呼应的效果。如果在正文的开头，文章撰写者提出了对某事、某物、某人的看法与观点，中间进行详细的阐述，到了文章结尾的时候，就必须自然而然地回到开头的话题，来个完美的总结。

首尾呼应的结尾法能够凭借其严谨的文章结构、鲜明的主体思想给读者留下深刻的印象，引导读者对文章中提到的内容进行思考。

如果微信公众平台运营者想要读者对自己传递的信息留下深刻印象，那么首尾呼应法则是一种非常实用的方法。

5.2.4 感染力强：以号召用户法结尾

微信公众平台的运营者如果想让读者加入某项活动中，就经常会在最后使用号召法来结束全文，同时很多公益性的微信公众号推送的文章使用这种方法结尾也会比较常见。

号召法结尾的文章能够在读者阅读完文章内容后，使读者与文章的内容产生共鸣，从而产生更强烈的加入文章中发起的活动中去。

图 5-13 所示为"常州乐居"微信公众平台上推送的一篇高温来袭和高考来临的文章，在文章的结尾处，号召力十分明显。

图 5-13　"常州乐居"公众号推送的以号召法结尾的文章案例

5.2.5 传递温暖：以推送祝福法结尾

祝福法是很多微信公众平台文章的编辑在文章结尾时会使用的一种方法。因为这种祝福形式能够给读者传递一份温暖，让读者在阅读完文章后，感受到公众号对他的关心与爱护，这也是能够触动读者内心的一种文章结尾方法。

图 5-14 所示为一个名为"十点读书"的微信公众号推送的一篇使用了祝福法结尾的软文案例。

图 5-14 "十点读书"公众号推送的以祝福法结尾的文章案例

5.2.6 引起共鸣：以抒发情感法结尾

使用抒情法作为文章的收尾，通常用于写人、记事、描述的微信公众号软文的结尾中，如图 5-15 所示。

图 5-15 公众号推送的以抒情法结尾的文章案例

微信公众平台文章的编辑在用抒情法进行文章收尾的时候,一定要将自己心中的真实情感释放出来,这样才能激起读者情感的波澜,引起读者的共鸣。

5.3 正文布局:9种形式有序引导阅读

一篇软文,无论形式如何变化,软文在根本上还是文章,文章的一些写作形式在软文中也是通用的。比如,软文的正文有故事式正文,也有新闻式正文等。根据软文素材和软文作者写软文的思路的不同,软文正文的形式也有不同。

5.3.1 新闻式布局:促进软文二次传播

新闻式正文,是指正文通过模仿新闻媒体的口吻,进行正文的撰写,例如公司内的大事、公益事业,都可以通过新闻式的正文形式写出来进行发布。

在互联网时代,新闻式正文的主要特点是能够进行二次传播,也就是企业的新闻软文发布出来后,很容易被其他的网站或者平台进行转载,这就是新闻式正文的二次传播特性。

新闻式正文有很多的特点,正是由于这些特点的存在,才使得新闻式正文一直备受欢迎,如图5-16所示。

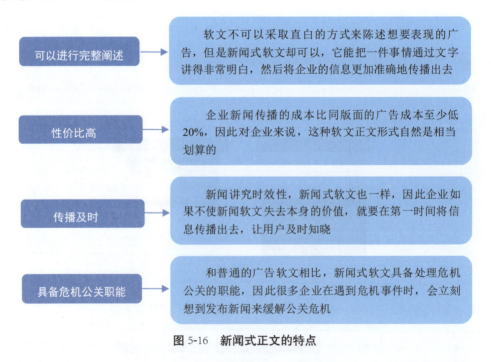

图5-16 新闻式正文的特点

新闻式软文是一种比较常用的写作手段，主要用来报道企业新闻、动态消息、杰出人物。一般来说，新闻式软文是一种准确、及时而又普遍的写作方式，它要求报道周围的人、周围的事。企业撰写新闻式软文的初衷是"既然做了就要说，并且一定要说出去，让很多人知道"。

对一般企业来说，通过新闻式软文扎根于基层、来源于基层、服务于基层，如今不管是中小型企业还是个人组织，抑或是网站，都开始像大型企业一样，具有宣传意识，也逐渐地发现了通讯的重要性。

于是企业开始将自己的动态、消息、人物及时向社会宣传，从而达到获得一定的流量和知名度的目的。

5.3.2 疑团式布局：激发读者阅读兴趣

疑团式的正文写作形式，是指在描述一个完整的故事时，在开头或关键点通过设置疑团不做解答的方式来布局正文，借以激发读者的阅读兴趣。

疑团式布局的核心是提出一个问题，并且需要提炼一到两个产品的神秘卖点，围绕提出的问题进行自问自答。需要注意的是，回答问题时不能一次性就答完，而是要根据进度慢慢抖包袱，使读者产生急切的期盼心理，再在适当的时机揭开谜底，示例如图5-17所示。

(1) 提出疑团　　　　(2) 了解"资本"　　(3) 了解"资本思维"和"三种角色"

图5-17 疑团式布局

微信公众号运营
100000+ 爆款软文内容速成（第2版）

（4）了解"普通人的提升" 　　　　（5）得出结论

图 5-17　疑团式布局（续）

专家提醒

通过疑团引起话题和关注是这种布局的优势。但是必须要掌握火候，提出的问题一定要有吸引力，答案要符合常识，不能作茧自缚、漏洞百出。

疑团式布局虽然很容易引起读者的注意，可是怎样才能做到将软文写成说一半留一半，并且还能勾起读者的阅读兴趣呢？其实要做到这一点并不难，只要沿着正确的方向，按照合理的步骤进行下去即可，如图 5-18 所示。

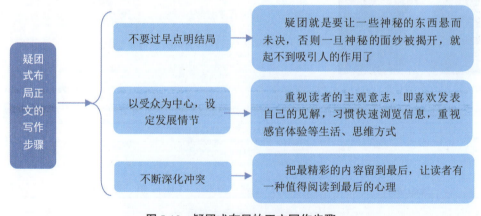

图 5-18　疑团式布局的正文写作步骤

5.3.3 悬念式布局：使读者急迫期盼答案

所谓"悬念"，就是人们常说的"卖关子"。设置悬念是人们常用的一种写作手段。作者通过对软文中悬念的设置，激发读者丰富的想象力和阅读兴趣，从而达到写作的目的。

正文的悬念型布局方式，指的是在正文中的故事情节、人物命运进行到关键时设置疑团，不及时作答，而是在后面的情节发展中慢慢解开，或是在描述某一奇怪现象时不急于说出产生这种现象的原因。这种方式能使读者产生急切的期盼心理。

也就是说，悬念式正文就是将悬念设置好，然后嵌入情节发展中，让读者自己去猜测，去关注，待成功地吸引到受众的注意后，再将答案公布出来。制造悬念通常有三种常用方法，具体内容如图5-19所示。

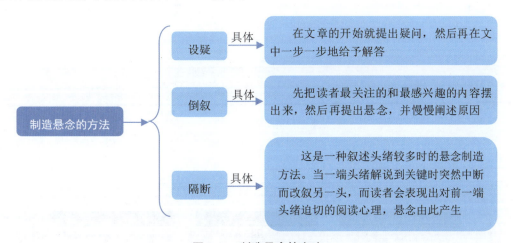

图 5-19 制造悬念的方法

专家提醒

悬念式的软文要懂得分寸，问题和答案也要符合常识，不能让人一看就觉得很假，而且广告嵌入要自然，不要让人觉得反感。

5.3.4 总分总式布局：条理清晰地传递信息

软文营销的内容运用"总分总"式的布局往往是在开篇就点题，然后在主体部分将中心论点分成几个基本上是横向展开的分论点，最后在结论部分加以归纳、总结和必要的引申。

关于"总分总式"软文正文的写作形式，其具体写法如下。
- 一个点明题意的开头部分（总1），简洁醒目，作为文章的总起部分。
- 主干部（分1、2、3、4…）作为文章的分述部分，它的几段互相独立，从不同的角度表达中心，在编排先后的次序上还需要有一定的斟酌。
- 结尾（总2）是文章的总结部分，它不仅是主干部分的自然过渡，而且还是对主干部分的归纳小结。

图5-20所示为一篇总分总式布局的软文。

图5-20　总分总式布局

5.3.5 层递式布局：给读者酣畅的阅读体验

层递式布局，即层层递进的正文布局，其优点是逻辑严谨，思维严密，按照某种顺序将内容一步步铺排，给人一气呵成的畅快感觉。但是层层递进的正文布局的缺点也很明显——对于主题的推出不够迅速，若开头不能吸引读者，那么后面的内容也就失去了存在的意义。

层层递进型的正文布局，其着重点就在于其层递关系的呈现。论述时的层递主要表现如图 5-21 所示。

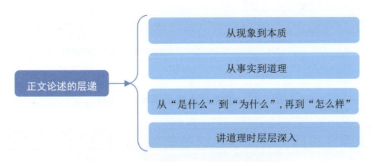

图 5-21 软文正文的层层递进布局分析

由此可见，这种正文布局形式适合论证式的公众号软文，层层深入、步步推进的论证格局能够增强软文的表现力。运用层递式结构要注意内容之间的前后逻辑关系，绝不可随意地颠倒顺序。层层递进型的正文布局对于说明某些问题非常有效。

图 5-22 所示为一个名为"北大纵横"的微信公众号推送的一篇论述是从"是什么"到"为什么"，再到"怎么样"的层递式布局正文的软文。

(1)　　　　　　　　(2)

图 5-22 层递式正文写作软文

  (3)　　　　　　　　　　(4)

图 5-22　层递式正文写作软文（续）

5.3.6　片段组合布局：让文章脉络更清晰

  软文营销内容中的片段组合式布局又称为镜头剪接式，是指根据表现主题的需要，选择几个典型生动的人物、事件或景物片段组合成文。

  主题是文章的灵魂，是串联软文的全部内容的思想红线和关键线索，因此，软文撰写者所选的镜头片段，无论是人物生活片段或是景物描写片段，都要服从于表现主题的需要。

  其整体布局为：总—分—总，主体部分由 3~4 个片段构成，其结构匀称、明晰，结构模式一般为：开头点题定向，领起下文；主体分承，片段组合，各个片段之间既各自独立，又彼此勾连；结尾呼应前文，点明题旨。其布局可以通过 4 种形式来表达，具体如下。

1．时间式正文布局

  这是片段组合式布局的软文，是以"时间"为主线来组织全文的，它在时间线索的指导下，简明地记叙每个"时间段"中的主要事件，而将许许多多的内容作为艺术"空白"留给读者去想象，去再创造。

  这类的镜头剪接式布局可以用"五岁—十岁—十五岁""童年—少年—青年"等围绕几个时间段描写人生经历或事件，脉络清楚。

  图 5-23 所示为时间式布局正文的软文案例。

图 5-23　时间式的片段组合

2．排比式正文布局

所谓"排比式布局"，是指文章在表达上常用排比句；在内容上句句紧扣主旨，突出中心；在形式上可使层次更清晰；因此可以在很大程度上增强语言的气势与节奏感。

图 5-24 所示为一个名为"简易心理学"的微信公众号推送的以排比句形式布局的片段组合式软文正文。

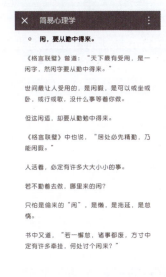

图 5-24　排比式的片段组合

3. 小标题式正文布局

小标题的拟写不仅要整齐美观、紧扣主题，并且应富有艺术感染力，要达到能反映作品中心思想的效果。

图 5-25 所示为一篇题为"个人理财的一些基本原理"的软文，在内容布局上就采用了二级标题式的写法。

图 5-25 设置小标题的片段组合式布局

专家提醒

虽然小标题可以很好地体现出文章的脉络，但是在写小标题的时候还是需要注意以下事项。

- 所选取材料要典型新颖，别具匠心，不落俗套，有个性特征，能显示作者独特的视角及立意。
- 要用准确精练的语言突出记叙、议论、说明的内容。
- 小标题的拟定要有艺术性、提示性。
- 小标题的拟定要表现出软文各部分之间的内在联系，使跳跃的内容连成有机的整体，不再孤立。
- 数量要恰当，一般以 2~4 个小标题为宜。

4. 正反对比式正文布局

这是一种通过正反两种情况的对比分析来论证文章观点的正文结构的布局形式。

通篇运用对比分析，道理讲得更透彻、鲜明；局部运用正反对比的论据，材料更有说服力。

运营者在软文营销的内容中使用正反对比法时，应注意以下问题。

- 正反论证应有主有次，若文章从正面立论，主体部分则以正面论述为主，以反面论述为辅；若文章从反面立论，则以反面论述为主，以正面论述为辅。
- 围绕中心论点选择比较材料，确定对比点。所选对象必须是两种性质截然相反或有差异的事物，论证时要紧扣文章的中心。

片段组合的正文布局形式，可以在较短小的篇幅内，立体而多角度地表现人物，叙述事件，描写商品特点，烘托品牌，其优点具体如下。

- 中心明确，主题清晰，分步骤表达，清晰自然。
- 文章层次清晰，结构严谨，一目了然。
- 选材的灵活性和自由度很大，既能充实文章内容，也使作者思路容易打开，消除了无话可说、写不下去的障碍。
- 片段之间无须衔接，省去了过渡语句，因而作者无须过多考虑结构安排。
- 片段数量可多可少，因此可灵活控制篇幅。

在编写片段组合式软文布局的正文时，作者有一些应该注意的问题，具体表现在两个方面，内容分析如下。

（1）论证过程。在撰写片段组合式布局的软文正文时，首先应该注意其论证的顺序，必须以一定的逻辑顺序来撰写，具体过程如图5-26所示。

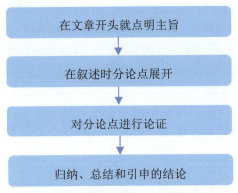

图5-26　片段组合式正文的论证过程

（2）论证关系。在撰写片段组合式布局的软文时，除了要把论证过程烂熟于心外，还应该注意论证双方的关系，并在论证过程中实现关系上的紧密衔接，如图5-27所示。

图 5-27　片段组合式正文的论证关系的要求分析

5.3.7　故事类正文布局：让读者产生代入感

故事类的公众平台正文是一种容易被用户接受的正文题材，一篇好的故事正文，很容易让读者记忆深刻，拉近品牌与用户之间的距离，生动的故事容易让读者产生代入感，对故事中的情节和人物也会产生向往之情。企业如果能写出一篇好的故事类正文，就会很容易找到潜在客户和提高企业信誉度。

对于文章作者来说，如何打造一篇完美的故事类文章呢？首先需要确定的是产品的特色，将产品的关键词提炼出来，然后再将产品的关键词放到故事线索中，贯穿全文，让读者读完之后印象深刻。故事类的正文写作最好满足以下两个要点，如图 5-28 所示。

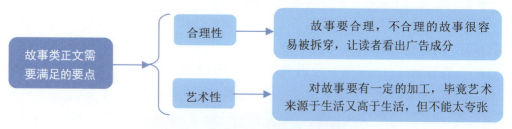

图 5-28　故事类正文需要满足的要点

> **专家提醒**
>
> 当企业要对某样产品或品牌在微信公众平台的文章中植入广告进行营销时，运营者可以根据企业的目标自编一个故事，在合情合理的前提下，将产品巧妙地融入故事中。

5.3.8　逆向思维正文布局：打破惯性思维的壁垒

逆向思维就是要敢于"反其道而行之"，让思维向对立面的方向发展，从问题的反面深入地进行探索，树立新思想，创立新形象。

逆向型的微信公众平台正文的写法指的是不按照大家惯用的思维方法去写文章，

而是采用反向思维的方法去进行思考、探索。人们的惯性思维是按事情发展的正方向去思考某一件事情，并且寻找该事件的解决措施，但是，有时换一种思考方向可能会使事情更容易解决。

在此，主要对逆向思维的 3 种类型的含义和应用举例进行简单介绍，具体内容如图 5-29 所示。

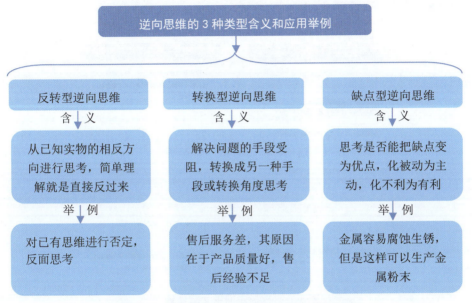

图 5-29 逆向思维的 3 种类型含义和应用举例

5.3.9 欲扬先抑布局：突出事物的发展变化

"欲扬先抑"又叫作倒置式布局，是记叙类文章写作中常用的一种技巧，其核心理念是利用"欲扬之，却先抑之；欲抑之，却先扬之"的特点，做到千折百转，避免平铺直叙，使软文产生诱人的艺术魅力的同时，还能突出事物的特点或人物思想情感的发展变化。

杜绝平淡普通的写法，避免读者看完开头就知道结尾的情况发生，而这可以通过欲扬先抑式软文正文布局来实现。凭借其欲扬先抑的写作形式塑造不一样的软文环境，使正文显得曲折生动，给读者留下强烈的印象，增强文章的感染力，从而吸引更多读者的目光。

图 5-30 所示为一个名为"有书"的微信公众平台推送的一篇欲扬先抑正文布局的软文。

专家提醒

所谓"欲扬之,却先抑之;欲抑之,却先扬之",是指文章可以不从褒扬处落笔,而是先从贬抑处落笔,其中"抑"是为了更好地"扬";欲抑先扬则正好相反。用这种方法可以使文章情节多变,有起伏感,形成鲜明对比,能够更好地表达作者的感情。

图 5-30　欲扬先抑正文写作软文

5.4　运营升级:四大技巧让内容决胜千里

在软文写作和布局过程中,运营者要想让软文能够决胜千里,吸引众多粉丝,就需要掌握一些技巧和策略。接下来将为大家介绍让平台内容决胜千里的 4 个运营技巧。

5.4.1　语言风格:合适的才是最好的

微信公众平台文章的编辑在撰写文章正文的时候,要根据企业所处的行业,以及平台定位的订阅群体来选择适合该行业的文章语言风格。

合适的语言风格能给公众平台的粉丝带来优质的阅读体验。例如,以传播搞笑内容为主的公众号,其正文的语言风格就必须诙谐幽默,并配上一些具有搞笑效果的图片,如图 5-31 所示。

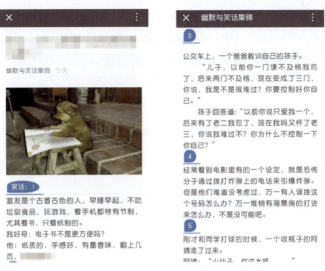

图 5-31　与平台定位相符的软文语言风格

5.4.2　文章摘要：简洁明了，激发兴趣

在编辑消息图文的时候，在页面的最下方，有一个撰写摘要的部分，这部分的内容对于一张图消息来说非常重要，因为发布消息之后，这部分的摘要内容会直接出现在推送信息中，如图 5-32 所示。

图 5-32　摘要内容

在编辑摘要时，要尽量简洁明了，如果摘要写得好，不仅能够激发用户对文章的

兴趣，还能够激发读者的第二次点击阅读兴趣。

当微信运营者在编辑文章内容的时候，没有选择填写摘要，那么系统会默认抓取正文的前 54 个字作为文章的摘要，如图 5-33 所示。

摘要
选填，如果不填写会默认抓取正文前54个字
0/120

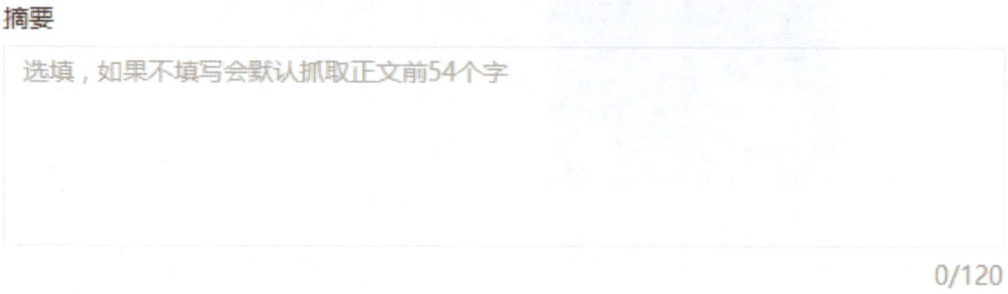

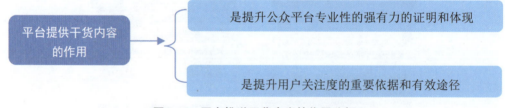

图 5-33　摘要

5.4.3　专业干货：让读者读有所获

对于微信公众平台来说，它之所以受到用户的关注，就是因为从该平台上用户可以获取他想要的信息，这些信息必须是具有价值的干货内容，而人云亦云、胡乱编写的软文带给用户的只能是厌烦情绪。

因此，在平台运营中，保证推送的内容是具有价值的专业性的干货内容，有着两个方面的作用，如图 5-34 所示。

平台提供干货内容的作用
是提升公众平台专业性的强有力的证明和体现
是提升用户关注度的重要依据和有效途径

图 5-34　平台推送干货内容的作用分析

通过平台推送的干货性质的内容，用户能够学到一些具有实用性、技巧性的生活常识和操作技巧，从而帮助用户解决平时遇到的一些疑问和难题，基于这一点，也决定了平台在运营方面是专业的，其内容也是能够接地气的，带来的是实实在在的经验积累。

图 5-35 所示为“手机摄影构图大全”微信公众平台为用户提供的摄影构图技法和分析。

图 5-35　"手机摄影构图大全"微信公众平台推送的摄影干货内容的案例介绍

5.4.4　投票活动：提升用户的参与感

让读者参与到平台或活动中来，能够极大地提升微信公众平台的影响力和关注度。特别是让读者投票，它不仅可以使读者本身积极参与到活动中来，还能使其成为传播源，吸引更多的粉丝。

关于投票能够促进用户的参与感这一问题，可以从3个方面来思考，如图5-36所示。

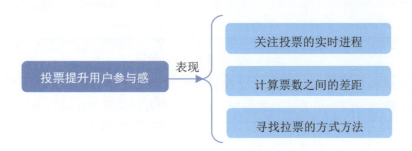

图 5-36　投票提升用户参与感的表现分析

以微信公众号为例，在其平台运营中，各种各样的投票层出不穷，如为偶像投票、为参赛作品投票等。这样的投票活动，是一种制造话题点和关注点的有效方法，能很好地让读者参与并融入其中，积极关注活动的进展情况，并积极为活动的扩大影响提供支持。图5-37所示为微信公众平台上的投票活动信息推送。

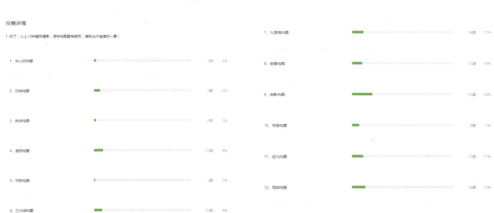

图 5-37 微信平台活动投票

在投票过程中，平台运营者可以在后台把其程序设置成关注公众号后才可以投票，这样的做法可以吸引大量读者的朋友成为关注者，最终实现微信公众平台吸粉的目的。

第6章
三位一体：人情+故事+形式

学前提示

软文，作为一种宣传文章，同样需要在情感、内容与形式方面具备诸多要求，才能打造形神兼备的优秀的、成功的软文。

本章将为读者介绍微信公众平台运营要注意的三大方面，即人情、故事和形式。

要点展示

◎ 关乎人情：四大要素吸引读者关注
◎ 故事内容：5种方式激发读者兴趣
◎ 勿忘形式：抓住痛点和实用技巧

6.1 关乎人情：四大要素吸引读者关注

处于社会生活中的人，他（她）之所以能获得大家的喜爱与合作，原因就在于其有着健全的人格，正是因为人的这一人格特征，赋予了他（她）无穷的魅力，进而产生凝聚力。

软文也是如此，它之所以能吸引读者关注，也是因为其平台内容有着自身的"人格魅力"，形成了一种"魅力人格体"，其中心要点就在于"人格"和"魅力"。

除此之外，"情感"也是非常重要的因素。

俗话说："人非草木，孰能无情？"处在社会生活中的人总是基于各种情感因素的影响而做出各种抉择和进行生活实践，这一情形映射在软文中就表现为：软文的读者在其中蕴含的诸多情感影响下而进行关注、转发和评论等，最终为运营者带来更多的粉丝和流量。

接下来，本节将从"人格要素""魅力要素"和"以情动人""情感弱点"4个方面来进行详细论述。

6.1.1 人格要素：彰显鲜明个性特征

"人格"二字，是存在于每一个人的意识和字典里的，但在每一个人身上的具体体现又不相同。以"Sir电影"这一微信公众号为例，其平台内容的人格主要表现在两个方面，具体内容如下。

1. 平台人格

所谓"平台人格"，即微信公众平台所具有的鲜明的个性特征。在众多平台基于技巧和宣传痛点侃侃而谈时，其平台的共通性和同质化非常明显，"Sir电影"却另辟蹊径，致力于打造全新的凸显自己性格的平台内容。

这一做法对传统媒体而言，是一种不理性和不中立的颠覆行为，然而，在"Sir电影"看来，这恰好是其充分展现个性和特点的"自媒体"最真实和典型的写照。

图6-1所示为"Sir电影"针对电影《山村犹有读书声》用恬淡自然的方式叩问教育的本质而撰写的一篇观点鲜明的推荐软文。

从图6-1所示的软文中可知，这部电影不仅是当年的票房黑马，而且荣获多项大奖，并被法国外交部作为经典向外推荐，但是作者却并没有从这些方面来介绍这部电影，而是从这部电影的返璞归真、用最简单的方式叩问教育的本质这一角度出发来撰文推荐这部电影。这种方式可以说是颠覆传统推荐电影的写作而另辟蹊径，展现了其平台的个性。

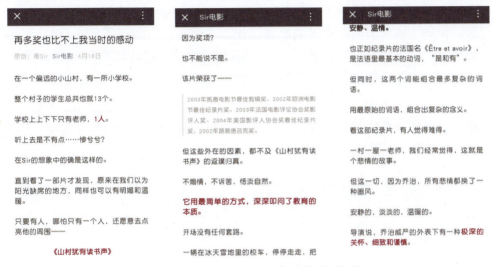

图 6-1 "再多奖也比不上我当时的感动"软文

2. "家族"成员人格

除了在平台内容方面全力打造一个异于其他平台的运营方向外,"Sir 电影"在其核心价值的构建上更是有着自身的发展思路和方向——发展其"魅力人格矩阵",也即 IP 家族。如今,其"家族"成员已经发展了很多个体,如 Sir、机叔、表妹等,如图 6-2 所示。

图 6-2 "Sir 电影"的 IP 家族成员举例

"Sir 电影"微信公众号利用其成员个人不断发展的影响力，不断做着"家族"成员在"人格"方面的质变的关键工作——平台内容的数量积累和质量的优质加工。

正是因为"Sir 电影"无论是平台还是其塑造的 IP 家族成员，都有着鲜明的人格特征，因此，公众号可以通过关注平台的读者和读者关注的内容进行用户画像，这对于企业产品和品牌推广与营销有着非常重要的作用，"Sir 电影"的"人格"理论是产品锁定品牌偏好，用户界定性格偏好。

6.1.2 魅力要素：增强粉丝凝聚力

在微信公众号运营过程中，确立了其平台及成员的鲜明"人格"，接下来要做的就是怎样让这些鲜明的"人格"特征产生的魅力被用户所关注，并推广和宣传开去。在此还以"Sir 电影"为例进行介绍。

在"Sir 电影"的运营理念中，其平台媒体本身所吸引到的粉丝是可以与品牌进行合作的，并通过这种合作促成其人格魅力影响的进一步延伸和宣传品牌的价值辐射，简单来说，就是在吸引用户关注的同时还能辐射品牌价值。

正是通过这种相互之间的合作，使得"Sir 电影"公众号魅力的对外影响反过来又能促进平台用户的增加和粉丝的凝聚。

而这一运营理念的形成根基是其魅力人格矩阵成员虽然在人格方面存在较大的差异——有着鲜明的个性特征，但这种人格产生的魅力却是相通的，特别是在对外的引流和企业品牌价值辐射方面。

6.1.3 以情动人：用情感打动读者

"情"这一个字，自古以来，文人骚客对它进行了尽情的描述，并利用"人同此情"的认识心理感动了千千万万的读者。可见，在微信公众号运营过程中，撰写饱含情感的软文是实现运营推广目的的主要途径，而利用这一途径的关键点就在于"以情动人"。

关于"以情动人"这一情感软文要素，微信公众平台运营者和撰写者必须从以下3 个方面进行准确把握，这是从大家熟知的感知认识和美学角度来说的，即"真""善"和"美"。

在此有必要对"以情动人"的 3 个软文撰写角度，进行进一步分析，具体内容如下。

1. 真

从美学"真"的角度而言,以情动人要求软文所描述的内容是符合客观实际的,而不是撰写者胡编乱造的。即使在一定程度上对其进行了某方面的加工和改变,也必须是符合客观事物的发展规律的,是不脱离现实的。

2. 善

从"善"的角度而言,以情动人要求软文中所描述的情感是能让人产生积极和正面情绪的情感,能引发读者内心潜藏的合乎人类发展的目的性的情感。也就是说,在软文中,其所包含的情感一定是积极向上的,而不是消极悲观的。

3. 美

在真、善、美这3个美学概念中,真和善是美的前提和基础。在遵循真和善的撰写规则的基础上,软文的美才能体现出来,也就是说,微信公众号软文所包含的情感才能让读者产生愉悦的体验,这是符合"美"能"使主体产生一种精神上愉悦的体验"的观念的。

而在软文中,"美"的情感体验的关键点就在于基于真和善,能让软文的情感核心点与读者的情感相契合。只有这样,才能激发读者的认同感和情感共鸣,最终打动读者,并引发分享和转载等推广行为。

图 6-3 所示为微信公众平台上"以情动人"的软文案例。

图 6-3　以情动人的微信公众平台软文案例

细读图 6-3 中的软文，其中明显是在描写美国皂荚这一树木的时候倾注了真、善、美的强烈情感的，从而使得这一篇科普方面的文章具有打动读者的力量，如图 6-4 所示。

图 6-4　利用情感打动读者的软文的评论

6.1.4　情感弱点：击中读者内心的柔软处

情感，对大多数人而言是非常奇妙的，既有着"人生自古谁无死，留取丹心照汗青"的无畏与坚强，又有着"无边落木萧萧下，不尽长江滚滚来"的悲哀和感伤……

在此，无论是什么样的情感，它们总会感动有着共同思绪的人，无论是什么人，他们总是会被某一特定时期和环境中的情感所触发。而这些引起人们情感共鸣的因素就是其情感弱点和缺陷，是 The Heel of Achilles（阿喀琉斯之踵）的再现。从本质上来说，它是每一个人身上所具有的弱点。

因此，微信公众号软文可以从这一角度出发，抓住读者的情感弱点，这一情感可以是亲情、友情和爱情，也可以是思乡情或怀旧情，只要能打动大部分读者，就可称得上是一篇在抓住情感弱点这一撰写实践中取得了成功的软文，就可称得上是一篇成功的软文。

关于抓住情感弱点的软文运营和撰写，"海尔家电"微信公众号是做得非常成功的典范，如图 6-5 所示。它在软文"世界上没有一个人，比我更爱你"中，在父亲节来临之际，讲述了两种情况的对比：小时候超人似的父亲毫无保留的守护和长大后才发现父亲也是一个会脆弱的但仍然坚强地默默爱着你的人，正是有感于贯穿其中的不变的父爱和守护，让读者的情感弱点无限放大，并由父爱的细节引出海尔家电，可谓是抓住情感弱点撰写软文的优秀之作。

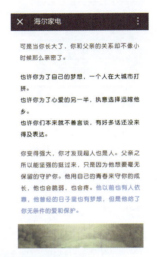

图 6-5　抓住读者情感弱点的软文案例

6.2　着眼故事：5 种方式激发读者兴趣

　　一篇软文，总是对各种事物进行撰写，从而有着各式各样的内容。内容与软文的情感和写作形式共同构成了软文最基本的 3 个要素。一般说来，不同的内容也是有着它独有的布局安排的，在此，以人们所喜欢的故事类软文为例进行具体介绍。

6.2.1　软文选题：四大特点必须掌握

　　虽然故事类软文有着与新闻软文相似的人物、时间、地点和事件等诸多必备要素，但是在事件的即时性上，故事类软文是不需要有非常严格的要求的。所谓"故事"，其要旨就在于一个"事"（即选题）上，而往往越古老、越为人所熟知的类似故事越容易吸引人们关注。

　　因此，故事类软文在选题方面的要求是不需要具备时效性的，但是需要具备以下几个方面的特点，如图 6-6 所示。

　　关于图 6-6 中提及的故事软文在选题方面的特点，是在选择选题和撰写之前必须掌握的内容，具体分析如下。

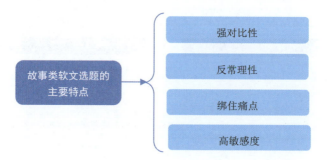

图 6-6　微信公众平台的故事类软文选题的主要特点

1．强对比性

故事类软文选题的强对比性主要是针对人物经历而言的，也是经久不衰的选题套路所在。在这些选题中，贯穿全篇的主角的经历必然是具有非常大的反差性和对比度的，这是吸引读者注意的关键因素。这样的选题通过前后的结果反差来衬托出最终结果给读者带来的惊喜，如破镜重圆、绝处逢生和久旱逢甘霖等。

2．反常理性

上面提及的故事类软文选题表现出的强对比性和反差是基于其反常理的事件发展脉络而产生的，因而在读者看来是不可置信的，也是有足够的理由吸引读者注意的。

3．绑住痛点

故事类软文选题除了利用其故事的曲折和强反差来吸引读者的注意之外，还应该从读者的关注痛点出发进行绑定，这也是其选题选择的重点所在。

4．高敏感度

所谓"高敏感度"，即与特定环境和特定人物有着某种紧密关联的影响程度，如与节日相关的故事类软文选题和与公众人物相关的故事类软文选题都是基于高敏感度的因素影响而促进软文阅读量提升的典范。

如在国庆节前后，选择对我国现代或当代的社会具有重大贡献的人物选题进行撰写，是一种容易获取读者关注的明智做法。

6.2.2　故事挖掘：准确把握两大方向

在撰写故事软文时，在确定了软文选题范围的情况下怎样进行企业、个人等与选题相关的故事挖掘是下一步工作的重点，而这又恰是需要微信公众号运营者和撰写者花费大量精力去抓住的难点所在。

对微信公众号运营者和软文撰写者而言，应该怎样去抓住和挖掘故事，从而摆脱故事类软文苍白无力的内容困境呢？一般说来，可从两个方面进行把握，具体内容如下。

1．对内：了解客服内容

销售和客服都是一个企业与外界的沟通服务部门，如果说企业的销售是一个由内到外的输出服务部门，那么客服部门则是一个由外到内的反馈服务部门。通过工作在一线的客服人员来了解产品用户是非常真实可靠的，这也是挖掘产品软文故事的最便捷的来源，如图6-7所示。

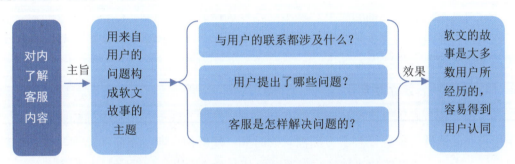

图6-7　微信公众号对内的客服内容软文故事挖掘分析

2．对外：倾听用户心声

与企业对内的故事挖掘的可靠性相比，对外倾听用户心声同样是一种非常有效的的挖掘途径。利用这种方式进行故事挖掘，可以轻易地实现故事的差异化和共融性写作，具体如下。

（1）差异性。企业产品的用户是具有不同生理和心理特征的社会个体，因为每个用户与企业产品之间的故事也是不同的，这就能在软文故事挖掘上实现差异化的创作特点。

（2）共融性。在考虑产品用户差异性的同时，也要注意到他们的共同性——他们拥有一个相同的身份，那就是他们都是企业产品的购买者和体验者，因而他们在与企业进行沟通和互动的过程中所发生的故事是可以互相融合和杂糅的，并通过各个用户与企业之间的互动故事的描写，可以更好地表达出企业产品的营销效果，如图6-8所示。

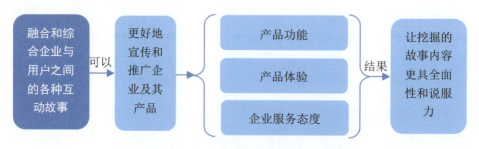

图 6-8　微信公众号对外的用户互动故事挖掘分析

6.2.3　故事题材：5 种类型助力创作

针对从不同途径挖掘的故事和从不同角度选择的故事题材，微信公众号的运营者和软文撰写者可以实现多种类型的故事类软文创作。关于故事类软文的类型，具体说来，可以分为五大类，内容如下。

1．类型一：建立联系

所谓"建立联系"，即建立企业及其产品、品牌与软文和用户之间的紧密联系，让用户在阅读软文或感受到某方面需求的时候，能够把企业、产品和品牌与自身联系起来。关于这一类型的故事软文，撰写者可从两个方面进行把握，具体内容如下。

（1）软文与企业品牌之间。在企业具有一定的实力和品牌影响力的情况下，通过撰写企业故事把软文与品牌联系起来，从而实现以品牌为中心的软文焦点，以此吸引用户的注意。

（2）企业品牌与用户需求之间。这是企业从产品相关性入手而建立联系的软文类型，通过这一类型的故事类软文，可以更好地构建企业品牌与用户之间的关系，增强用户黏性，最终实现产品销售。

2．类型二：展现机遇

关于企业，特别是那些大型的企业，可以从其抓住机遇入手来撰写故事类软文，当然，此处的"机遇"既可以指企业发展上的拓展机遇，也可以是其创始人和管理者的成功创业机遇。

这种类型的软文是能击中那些曾经怀揣创业梦想的人士、取得了成功的创业人士和即将迈进创业大军的人士的情感痛点的，并在宣传的过程中成为他们慰藉、借鉴和激励的圣品。

因此，这种类型的故事类软文是很容易促使读者点击阅读的。如曾经蝉联中国首富的李××先生的创业故事在近十年来一直为人们所推崇，与之相关的故事类软文的关注度自然也就特别高，如图6-9所示。

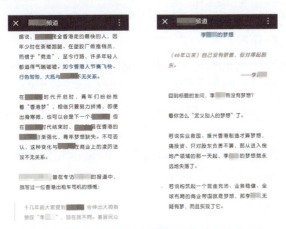

图6-9　展现创业成功机遇的故事类软文案例

3．类型三：传播个性

上面两种类型的故事类软文主要是针对大型企业、知名品牌而言的，假如那些中小型企业要撰写故事类软文应该选择什么类型的呢？在此为它们量身打造一种故事类软文类型，那就是传播中小型企业的个性特点。

对中小型企业而言，它们要想在微信公众号上获得很好的效果，就应该根据其运营内容进行自身个性的软文切入，把最鲜明的个性传达给读者，从而引领一个新的特色热潮，最终实现推广和引流。

图6-10所示为著名的"陈欧体"变体案例，它们是典型的软文个性传播的真实写照。

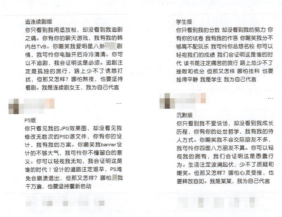

图6-10　"陈欧体"各版本软文的个性传播

4．类型四：打造差异

上面的几种类型主要是从内容上进行的分类，而基于故事类软文的风格定位的软文类型，其主要是为了打造差异。这一软文类型的产生，主要是由目前的软文运营现状决定的——软文运营和撰写越来越有着同质化的发展趋势。

而想要在同质化现象严重的软文世界中脱颖而出，就必须具有差异性。从风格上来说，就要求企业从两个方面出发，打造企业故事类软文的差异性，具体内容如下。

（1）企业故事类软文必须与其他企业和平台的软文有着视觉上及内容上的差异，不要把自身创立的微信公众号作为软文抄袭和转载的场所。

（2）企业故事类软文必须与企业自身的品牌风格和定位相符，能够让读者在看到故事类软文的第一眼就关联到企业和企业品牌。

5．类型五：把握细节

"细节决定成败"并不只是说说而已，而是包含着重要的哲理意味和应用价值的。在微信公众号的故事类软文中，把握细节的软文也是其中的一类。

这一类型的软文往往是从企业及其产品和品牌的一个小小的细节出发，让宣传信息和内容呈现碎片化状态，并通过故事叙述把它做成大文章，最终组合成具有巨大营销威力的软文。

6.2.4　故事感染力：延伸话题情感

在微信公众平台上，故事类软文的撰写假如只是一个人物、时间、地点和事件等要素的苍白无力的罗列，可想而知这篇故事类软文在推广和宣传效果上必然是失败的，其原因就在于缺乏故事类软文必须具备的感染力。

所谓"感染力"，简单地说，就是软文中所蕴含的能引起别人共鸣和产生激励作用的能力。可见，对于感染力而言，其中最重要的是情感方面的感染和延伸。通俗地说，微信公众号运营者和软文撰写者可以面对读者打感情牌。

当然，社会生活中最具感染力的感情无非是亲情、友情和爱情，它们是人们意识世界里最重要的3个情感话题。而故事类软文恰好可以从这3个话题中任选一个进行切入，其故事的感染力自然就会随着提升。

而要最大限度地表达出软文故事的感染力，撰写者应该注意3个方面的问题，如图6-11所示。

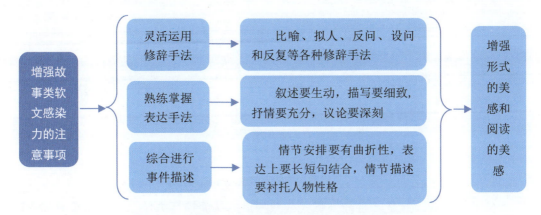

图 6-11　增强故事类软文感染力的撰写注意事项分析

除了图 6-11 提及的注意事项外,撰写者还可以通过遣词造句来增强故事类软文的感染力。而卓越的故事类软文产品就是通过一字一句地仔细斟酌和推敲创作出来的,特别是对常见的三大词类,更是要力求贴合表达对象,具体如下。

- 名词:正确地描述产品和事物名称。
- 动词:形象生动地描述动作的发生。
- 形容词:鲜明地描述目的物的性质。

6.2.5　故事场景感:打造完美场面

在故事类软文中,仅仅具有感染力还是不够的,还需要故事的表述要有场景感,也就是说,在场面描写方面,要求呈现给读者一个在阅读时能完整地浮现在脑海中的生动而真实的或动态或静态的场景。

所谓"场面描写",即处在特定时间和环境中的故事人物在各种因素的作用下所形成的相互之间的关系和生活、运动状态。在微信公众平台上,故事类软文的撰写者应该熟练掌握场面描写的相关知识,具体内容如下。

1. 描写方法

软文撰写者要想充分而真实地展现某一场景画面,可以采用以下两种方法来进行描写。

(1)鸟瞰式。这是一种从高处往低处看的观看方式,在描写上体现为具有全局和整体观念,具体介绍如图 6-12 所示。

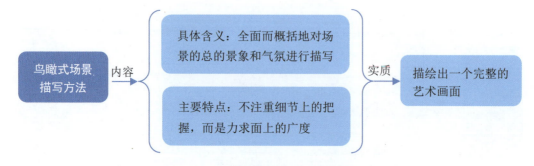

图 6-12 鸟瞰式的故事软文场景描写方法

（2）特写式。这是一种与鸟瞰式截然相反的场面描写方法。它更注重对部分场景进行放大并进行细致的描述，特别是对其中具有代表性的场景，更是要进行重点突出式的描写。

2．描写要求

在故事软文的描写过程中，撰写者要把握两大要点，即人与景融合、动与静结合，具体分析如图 6-13 所示。

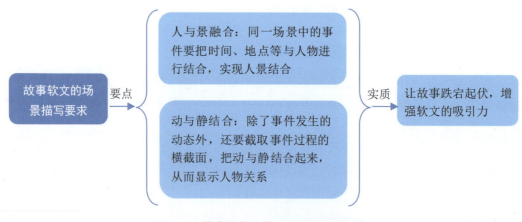

图 6-13 故事类软文的场景描写要求分析

3．提升体验

故事软文的场面描写，还应该考虑其在用户阅读体验方面的影响。而要想既获取清晰的场面描写又能让用户阅读更方便，就需要故事软文的撰写者能在以下两个方面引起高度重视。

（1）细节丰富。在撰写过程中，应该尽可能一条一条进行丰富的描写，而不是让读者去慢慢地猜测，即使是鸟瞰式的场景描写方法，也应该对整体的细节有一个大致的呈现。

（2）配图多。对于场景描写来说，利用图片可以让读者更真实和清楚地感受到其中的关系和氛围，且这种方式还能提供给读者更丰富的图片信息，因此，它是故事类软文的读者提升阅读体验的关键途径之一。

6.2.6 写作误区：三大问题重点关注

在微信公众号运营过程中，故事类软文较强的趣味性、可读性和宣传性是其大受读者和企业欢迎的价值所在。尽管如此，在撰写过程中还是应该注意一些写作事项，以便发挥软文最大的利用价值。关于撰写者应该注意的问题和写作误区，具体内容如下。

1．陷入标题党

所谓"标题党"，即基于网络环境中的宣传功能，一些人利用各种具有创意的标题来吸引读者眼球而形成的自发性组织。标题党的标题撰写，更多的是基于宣传这一外部因素而进行的，而对于软文内容则没有过多考虑。

软文的标题固然重要，它是软文的吸睛利器，但假如这类标题的撰写偏离了软文内容，或是标题在宣传上太夸张，就会让读者产生一种不信任的感觉，反而影响软文的正常宣传。

因此，在撰写软文，特别是故事类软文的时候，其标题的撰写必须把握一个宣传的"度"，利用巧妙结合和适度编造来实现宣传还是可以的，但是要必须避免陷入标题党的泥淖中。

2．描绘太华丽

众所周知，在讲故事的时候应尽量采用平实的语言，尽量口语化。在书面的故事撰写中，也不能因为追求文章的华美而采用过分华丽的语言，否则，将会让读者在阅读的时候产生一种距离感，从而减弱了故事的可读性和亲切感。

更重要的是，人们会有这样一种错觉：利用这样华丽的词句写成的故事，是我们生活中发生的真实事件吗？会不会是作者胡编乱造的？而这些问题的产生又恰是成功软文的大忌——违背了软文的真实、可信原则。

3．宣传太隐蔽

软文之所以被称为"软"文，就在于其宣传的隐蔽性，只有足够的软，才能让读者在阅读的时候不会产生厌烦心理。但是软文宣传的隐蔽性也不是要求完全隐蔽，"物极必反"说的就是这样的道理。

因此，在软文的撰写过程中，除了应该把宣传信息利用巧妙切入和与软文中心相符的方法进行写作外，还应该利用其隐蔽性的宣传适度地把企业及其产品、品牌信息呈现出来，做好宣传准备。

而在故事类软文中，由于故事具有较强的可读性，因此，软文宣传应该尽量把这一特性和优势与公众号宣传信息结合起来，而不是将其可读性无限放大，最后完全成了一个精美故事的描写。

上述行为完全是本末倒置的，它在让读者记住故事本身的同时却忽视了宣传的企业及其产品、品牌信息。因此，在撰写故事类软文的过程中，必须把握故事本身与宣传信息这二者之间一个适度的问题，而不应该让软文的宣传信息太过隐蔽，否则，此消彼长，带来的最终结果往往是软文的故事性大大增强，而在企业、产品和品牌的宣传效果方面却大打折扣。

6.3 勿忘形式：抓住痛点和实用技巧

当人们谈论了越来越多的软文写作技巧之后，有时候也需要问一下自己：为什么要这样做，而不是换一种方法？这样做的理由是什么？背后又有什么道理或者逻辑依据？下面就来看看软文写作过程中应该考虑的宣传痛点和常用的一些入门级实用性技巧。

6.3.1 产品角度：起到更好的宣传作用

微信公众号软文撰写的最终目的还是要归结于产品的宣传和销售，因此，在进行软文撰写时，直接以产品为对象进行角度切入，可以让读者充分感受到软文及其撰写者的专业性。总体说来，软文以产品为切入角度的写作方法有着非常重要的作用，具体介绍如图6-14所示。

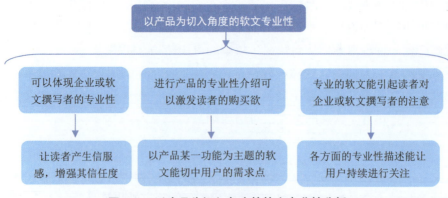

图6-14 以产品为切入角度的软文专业性分析

基于图 6-14 中提及的从产品角度切入的作用，微信公众号运营者和软文撰写者应该对这一角度进行深入创作思考。那么应该怎样更好地实现以产品为切入角度的软文撰写呢？举例来说，可从两个方面入手，具体内容如下。

1. 角度要小

对于产品而言，它是由众多内容构成的，如功能、外观等。因此，从产品方面进行角度切入，完全是可以抓住其中的某一个小点来进行深入剖析和撰写的。

这种做法，一方面可以避免因为面面俱到的描绘而使文章篇幅增加，从而带给读者在阅读体验方面的厌烦情绪；另一方面可以让读者通过软文中某一小点的深入分析和细致描绘来感受到企业、软文撰写者的专业性。

2. 见解要新

众所周知，再好看的文章在反复地进行阅读时也会有阅读疲惫的心理产生，何况软文究其实质，不过是一种变相的广告，还称不上是"精神食粮"方面的内容，如果在浏览的时候，读者发现其观点和见解大多是千篇一律的，那么往往会忽略不读，软文的引流目标就成为泡影。

因此，在进行产品角度的软文撰写时，应该注意产品见解方面的创新性。也就是说，对大家都在宣传的同一产品和功用，软文撰写者应该突破见解的藩篱，提供给读者一个耳目一新的独到而合理的观点。

图 6-15 所示为"果壳网"微信公众平台上发布的一篇软文。它从玻璃的角度来反驳隔音效果制作中的诸多需注意的问题，是一种从产品角度的侧面切入的软文撰写案例。

图 6-15　"果壳网"公众号从产品角度切入的软文案例

6.3.2 用户角度：挖掘购买兴趣和需求

产品和用户是关系营销效果的两个主要方面，处于买方市场的时代环境中，用户占据着主导地位，因此，从用户角度进行软文撰写的切入不失为一种非常好的撰写方法。

决定用户购买产品的因素主要有两个，即需求与兴趣。因此，微信公众号软文应该从这两个方面出发进行撰写，如图 6-16 所示。

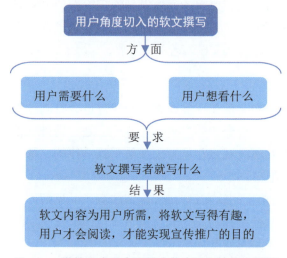

图 6-16 微信公众号中从用户角度切入的软文撰写

从图 6-16 中可知，只有了解和解决了用户需求，并以用户感兴趣的方式把软文内容撰写出来，才能吸引他们的注意力。缺少其中的任何一项，都不可能达到软文推广的宣传目的。

在撰写从用户角度切入的软文过程中，把用户需要的内容和要点呈现出来，并把它们与用户感兴趣的娱乐热点结合起来，这样的软文才是符合微信公众号软文推广需求的成功软文。

图 6-17 所示为一个名为 FitTime 的微信公众号的软文案例。它从用户"减肥"的需求角度出发，再结合娱乐明星进行宣传，牢牢地把握住了用户的需求点和兴趣点。

图 6-17　FitTime 公众号从用户角度切入的软文案例

6.3.3　旁观者角度：减少浮夸，增加信服感

在对具体的产品进行宣传时，一方面可以利用"你"和"你们"等第二人称缩短双方之间的距离感，另一方面还可以采用旁观者的态度来打造软文宣传的客观性和真实感。

采用旁观者的角度进行软文撰写的角度切入，即把企业、软文撰写者置身于一个相对客观的位置，从第三方的角度来进行分析和介绍，以减少软文的浮夸效果，增加信服感。

关于以旁观者角度切入来撰写软文的问题，应该注意考虑两个方面，具体内容如下。

1．不可过于夸耀产品

从旁观者的角度切入，在理论上和实际应用中是不可过于夸张地宣传产品的，而是应该在撰写的时候秉持客观的态度，实事求是，把产品的优点和缺点尽量如实地展现出来。避重就轻，对于缺点一笔带过，对于优点则过多着墨，这是违背客观性原则的，且很容易让读者产生不信任的感觉。

另外，在与其他的产品进行对比时，也不可过多地贬低其他产品而只是夸耀自己的产品，这绝对是一种适得其反的宣传行为。正确的做法是在自己产品的优缺点呈现的过程中，进行各种产品的详细对比，让读者在阅读时感受到你宣传的产品相对于其他产品来说更值得信赖，这样宣传的成效就不言而喻了。

2．不可过多显露情绪

以旁观者的角度切入，在软文撰写过程中还应该注意不可过多地显露情绪，而是要以第三方的身份公平、平实地进行描述，这样才能不让读者有一种"因为撰写者的喜好情绪而引导我"的感觉。

因此，这类软文的撰写必须能让读者通过阅读软文而真实地感受到产品或服务本身所具有的价值和优势，只有这样，才能让读者最大限度地产生信任感，而不是偏颇的喜好感受。

6.3.4　价值意义：不辜负读者的阅读期待

软文，就是附着于其他产品上并且借助其他产品进行宣传的文章，比如，宣传摄影技巧，需要借助拍摄的各种照片；宣传出版的书籍，就需要借助出版社等。一篇优秀的软文，必定会具备一定的价值，具有价值性的软文才会被看好。

一般而言，优秀的软文，除了要提及需要宣传的内容外，还要充分体现 4 个价值，即新闻价值、学习价值、娱乐价值以及实用价值。这种软文不仅能够起到宣传作用，而且能够增加软文的阅读性，让读者在阅读文章时，感觉到愉悦。这 4 个价值的具体内容如图 6-18 所示。

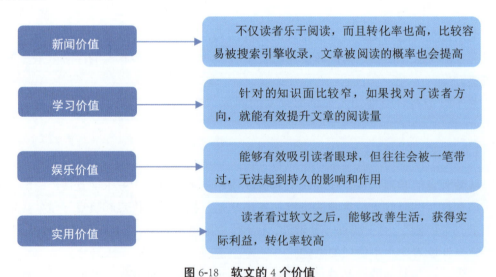

图 6-18　软文的 4 个价值

那么，要如何在文章中添加这些价值呢？笔者将其技巧总结为图 6-19 所示内容。

第6章 三位一体：人情＋故事＋形式

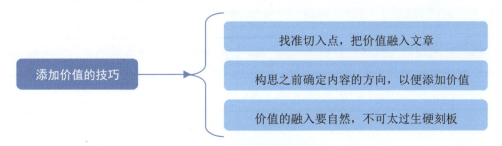

图 6-19 添加价值的技巧

以"手机摄影构图大全"微信公众号为例，它推出的内容基本上是富有实用价值的，图 6-20 所示为其摄影方面的技巧分享。

图 6-20 具有实用价值的软文

技巧包含的内容比较广泛，如构图等，只要是读者能够用到的，"手机摄影构图大全"都会进行推送。这样的软文不仅能够为读者提供实用的价值，而且可以帮助读者增强学习能力。

专家提醒

提供实用知识和技巧的软文往往能够得到读者的青睐，虽然软文的价值不仅仅局限于实用技巧的展示，但从最为直接和实际的角度来看，能够提供行之有效、解决问题的窍门是广大读者都乐意接受的。这也是软文需要具备价值的原因之一。

165

6.3.5 使用情景：让读者看见产品的用处

微信公众号运营者在运行软文营销的过程中，从"定位到使用情景"来制定软文，可以更好地获得消费者的喜爱和理解，因为面对产品，消费者有 3 种模式，如图 6-21 所示。

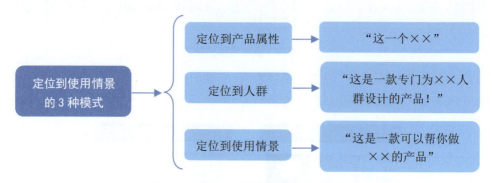

图 6-21　定位到使用情景的 3 种模式

实际上，针对互联网产品的特点（品类复杂、人群分散），微信公众号运营者应该把产品更多地定位到使用情景上。

比如微信公众号运营者描述一款产品为"这是一款迷你小电风扇！"（产品类别），消费者看了之后不一定会有太多的感觉和购买欲望。如果微信公众号运营者描述为"你可以把它装进手提包并在户外随时使用"（使用情景），很明显，那些夏天怕热的有需求的消费者就会比较容易心动。

所以，在此最重要的问题并不是"我是谁"的问题，而是"我的消费者用我来做什么？"的问题。

又如生活中的广告，OPPO 手机就是用了"定位到使用情景"的方式撰写出了"前后 2000 万，拍照更清晰"的广告词，可以很明显地看出这一款手机是很适合拍照的。

所以，用"定位到使用情景"的方式来撰写软文，是非常有必要的，且效果非常显著。

6.3.6 短小精美：言简意赅，突出重点内容

随着互联网和移动互联网的快速发展，碎片化的阅读方式已经逐渐成为主流。大部分读者看到长篇大论的文章，或多或少会产生抵触心理。即使有的读者愿意阅读较长篇幅的文字，但也很难坚持看完，更别说读软文了。短小精美的软文介绍如图 6-22 所示。

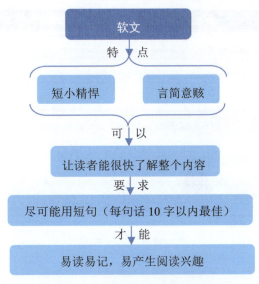

图 6-22 小而美的软文篇幅分析

写一篇软文,"短小精美"是关键所在,也就是说一篇成功的软文应该具备短小精悍和言简意赅的特点。如此一来,读者就能很快了解文案的大致内容,从而获取创作者想要传达的重点信息。

搜狐网新闻中心总监徐一龙认为,如果想写出令读者满意的文案,就需要从如图 6-23 所示的 3 个方面做起。

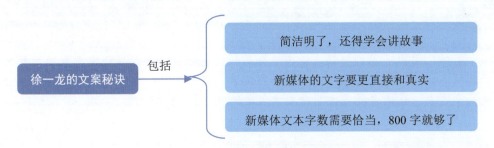

图 6-23 徐一龙提出的文案秘诀

以微信公众号"十点读书"为例,它推出的内容有很多都是以短句的形式呈现的,短小精悍,内容和情感十分丰富。图 6-24 所示为"十点读书"发布的一篇名为"你笑起来,真的会发光"的文章,内容看似平淡却真挚动人,篇幅短小精悍,给读者留下了深刻印象。

微信公众号运营
100000+ 爆款软文内容速成（第 2 版）

图 6-24　短小精美的文案

短小精美，并不是说文案只能短不能长，主要是因为长篇幅的文案往往容易让读者失去阅读的耐心，同时还会耗费精力和时间。如果一篇文案能够做到言简意赅、重点突出，就堪称完美了。

专家提醒

当然，写出一篇能够让人读得尽兴的软文是远远不够的，还需要能够对软文的篇幅有比较彻底的掌握，最好能够在文章的高潮部分，将软文的主题内容充分地嵌套进去，让读者能很快明白文章表达的观点。

6.3.7　流行词语：为文章注入新鲜血液

文字是组成文章的基本成分，同时也是表达诉求和情感的重要载体。如何使用新媒体文字，是打造爆款文案的重中之重。

文字是打造优秀软文的关键因素，它的主要要求如图 6-25 所示。

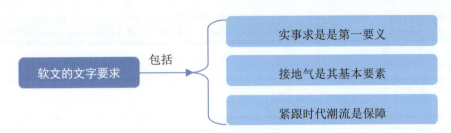

图 6-25　软文的文字要求

图 6-26 所示为微信公众号"新世相"推出的一篇文章，文章中巧妙地运用了网络流行词语，有效地吸引了读者的目光。比如提到了"C 位之争""Pick"等新兴词语，为文案注入了新鲜的血液。

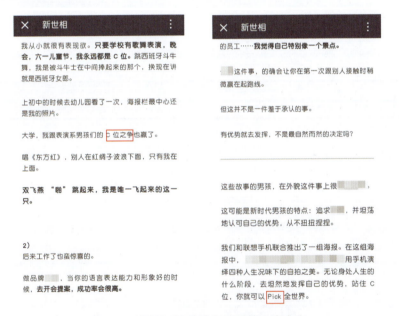

图 6-26　运用了网络流行词语的文章内容

事实上，新媒体的文字最主要的特点就是真实和接地气，使用网络用语的原因也是为了贴近目标人群的阅读习惯，抓住读者的爱好和需求，时下流行的网络用语是吸引读者眼球的一种很好的方式。

专家提醒

打造一篇成功的软文,不仅需要掌握其大致的写作结构,比如"起承转合",同时还要知道如何运用不同风格的新媒体语言。如果文章的结构是树干,那么语言就是枝叶,一棵树,只有枝繁叶茂才能算作是一棵大树,因此,掌握新媒体的网络用语是很重要的。

第7章

配图排版：高颜值引爆阅读量

学前提示

作者想要更全面、更深入地进入软文的世界里，就必须依靠用户的视觉功能，通过软文的配图和排版来吸引用户的眼球，获取点击率，形成非常有力的引流力量。在运营的过程中，作者想要获得10W+的阅读量，就不能忽视这股力量。

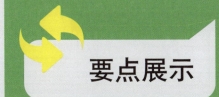
要点展示

◎ 文章配图：实现最佳视觉效果
◎ 图片运用：8种方式打动读者
◎ 排版设置：打造舒适视觉体验

7.1 文章配图：实现最佳视觉效果

微信公众号运营者想要打造爆款软文，一定注意要选择让读者看起来非常舒服的图片，让文章配图更加吸引人，达到"一图"决胜千言万语的效果，吸引读者眼球。配图可以从颜色、尺寸、容量、清晰度等方面入手。

本节将就软文图片的选择和设置要求进行介绍，以期达到帮助读者优化软文正文的图片呈现效果。

7.1.1 主图：清晰漂亮，吸引眼球

用户在打开一个关注的微信公众号时，在如图 7-1 所示的每天的文章列表中，可以发现有的公众号每天会推送好几篇文章，但是有的公众号就只会推送两篇或者一篇文章。

但是，不管推送多少文章，基本上每一篇文章会配一张图片，文章所配的图片的大小也会不一样。只有头条文章所配的图片比例是最大的，这张图片即可被称为文章主图，如图 7-2 所示。

图 7-1 微信公众平台文章列表

图 7-2 文章主图

文章的主图设置得好坏会影响到读者点开文章阅读的概率，一张漂亮、清晰的主图能瞬间吸引读者的眼球，从而让读者有兴趣进一步阅读。

衡量一张主图是否合格，可以从图片的清晰度、辨识度去判断。除此之外，在选

取文章主图的时候还需要考虑图片的大小比例是否合适。

比例适宜的主图，其拥有以下几方面的优点，具体如图 7-3 所示。

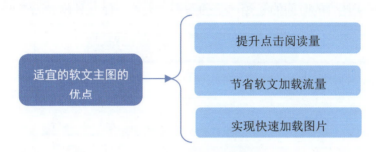

图 7-3　适宜的主图的优点

关于软文比例适宜的主图所应该具有的 3 个方面的优点，具体介绍如下。

1．提升点击阅读量

大部分人是视觉派的，看见漂亮的东西就会忍不住多看两眼，对于漂亮的图片也不例外。当读者在点开某一公众号之后，如果它的文章主图有特色，能够吸引人，相信很多读者会忍不住点开文章进行阅读。

因此，一张适宜的主图的要求是能够吸引读者阅读，从而给公众号文章带来更多的点击量，进而能够提升文章的阅读量。

2．节省软文加载流量

当一张主图过大的时候，读者要加载出来，除了需要花费更多的时间外，更重要的一点是耗费的流量也会非常多。

如果读者是在 Wi-Fi 环境下阅读就不会太在意，但是用流量包里的流量加载出来的，就会耗费读者更多的流量，进而会使得读者的流量费用增多，这对读者、对微信公众号运营者来说都不是一件好事情。

因为有的读者在流量紧张的情况下，为了节省流量的费用，就会选择不看微信公众平台文章。如果读者不看微信公众号的话，那么微信运营者推送的文章就难以得到该有的阅读量和点击量。

3．实现快速加载图片

当读者点开某一个微信公众平台的文章列表时，如果其主图设置得过大，那么加载该图片就会需要耗费更多的时间，而一张大小适宜的文章主图加载出来就会更容易，能够减少图片的加载时间。

加载主图所耗的时间会在一定程度上决定读者是否继续阅读这篇文章，因为并不是每一个人都愿意把时间耗费在等待上。

主图加载所耗费的时间的长短产生的结果会大不一样，具体如图 7-4 所示。

图 7-4　主图加载所耗费的时间产生的结果

7.1.2　侧图：美观吸引注意力

文章的侧图指的是微信公众平台文章列表中除了头条文章之外的文章所配的图片，如图 7-5 所示。

图 7-5　文章侧图

文章侧图虽然所占的比例比较小,但是也不可以忽视它的作用,它有着与主图一样的效果,能提高文章的阅读量以及能够给读者提供良好的阅读体验,使得微信公众号能获得更多的读者支持。

7.1.3　清晰度:背景有序,画质清晰

高清的图片是获得平台用户良好的第一印象的法宝,它体现了商品价值的高低,直接影响着用户的价值判断。图 7-6 所示为一张清晰的书籍图片,它不仅画质清晰,而且拍摄的角度也比较合理,从而能通过意境的设计凸显了产品的品质。

图 7-7 所示为背景杂乱的书籍图片。不难看出,这张图片不仅背景随意,而且给用户一种毫无亮点、平淡无奇的感觉。如果在新媒体平台的视觉设计中选择这样的图片素材,肯定难以激发用户的好奇心,达不到好的视觉效果。

图 7-6　画质清晰的书籍

图 7-7　背景杂乱的书籍图片

专家提醒

好的图片素材除了拥有较高的清晰度外,还应具备的一个特点便是图片背景应该比较有序或者干净,而不是杂乱无章,不然就会给读者造成一种品牌感不强的印象。

7.1.4　颜色:亮丽夺目,搭配舒适

微信公众平台运营者想要让自己的公众号图片吸引读者的眼球,那么所选的图片的颜色搭配要舒适。

图片的颜色搭配舒适，能够给读者一种顺眼、耐看的感觉。对微信公众号而言，一张图片颜色搭配要舒适，需要做到以下两个方面，具体如图 7-8 所示。

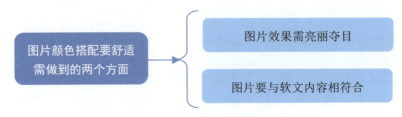

图 7-8　图片颜色搭配要舒适需做到的两个方面

其中，图片效果亮丽夺目是其主要特点，是吸引读者关注的主要因素。因此，在一般情况下，微信公众号软文的图片要尽量选择色彩明亮的，因为这样的图片能给平台带来更多的点击量，其原因具体如图 7-9 所示。

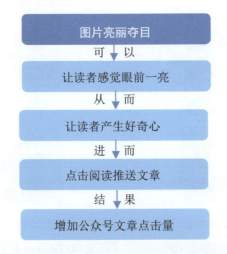

图 7-9　色彩亮丽夺目的图片带来更多点击量的原因

很多读者在阅读文章的时候希望能有一个轻松、愉快的氛围，不愿在压抑的环境下阅读，而色彩明亮的图片就不会给读者一种压抑、沉闷的感觉，恰好能给读者带来这样的阅读氛围。

当然，图片除了亮丽夺目外，在颜色选择上还有一个与内容是否符合的因素存在，这也是在图片的细节处理中需要注意的问题，在微信公众平台软文内容中的图片处理也是如此。如果公众号推送的内容是比较悲沉、严谨的，就可以选择与内容相适应的颜色的图片，就不可使用太过跳跃的颜色，因为这样会使得整体感觉不和谐。

7.1.5 角度：合理展示图片

要打造好的视觉效果，需要微信公众号运营者在进行文章配图时选择具有科学合理的视觉角度的图片素材，从而为文章增添亮点，提高文章的可读性。下面以图解的形式介绍文章配图选择视觉展示角度合理的图片素材的好处，如图 7-10 所示。

图 7-10 选择视觉展示角度合理的图片素材的好处

💬 专家提醒

选择视觉角度合理的图片素材是微信公众平台的运营者进行文章配图、营造最佳视觉效果的前提条件，也是激发用户好奇心、引起用户关注的最重要的影响因素，如果用户无法从图片中寻找到商品的亮点与独特性，长此以往，也会大大降低用户对平台的信任度与对品牌的认知度。

图 7-11 所示为视觉展示角度合理的图片示例。不难发现，这张图片的视觉展示角度有利于充分地展示商品的全貌，较为立体地展示了商品的特征。

图 7-11 视觉展示角度合理的图片素材示例

7.1.6 光线：良好的视觉享受

　　随着物质生活水平的提高，人们对品质的要求与标准也在不断提升。因此，如何选择高品质的图片素材便成了微信公众平台运营者在进行文章配图时需要考虑的重点问题。一般而言，视觉光线较好的图片素材相较于光线昏暗的图片素材而言，会更容易给用户好的视觉享受。

　　如果在进行文章配图时没有把握好视觉光线，一方面容易导致呈现的图片无法达到预期的视觉效果；另一方面这样的视觉图片也不足以引起读者的阅读兴趣。图7-12所示为一张视觉光线不足的图片。由于拍摄者在拍摄时没有把握好视觉光线，从而导致整个视觉画面呈现出一种昏暗无光的感觉。

图7-12　视觉光线不足的图片示例

　　再来看光线把握得当的图片示例，如图7-13所示，整个图片给人明亮、简洁的视觉感受，体现了图片的质感。

图7-13　光线得当的图片示例

7.1.7 尺寸：实现高清显示

图片除了需要注意其颜色选择外，还应该注意选择合适的尺寸。在此，尺寸包括两个方面的内容，如图 7-14 所示。

图 7-14　图片尺寸的含义解读

软文中的图片在排版中的尺寸大小一般有一个固定范围内，不可能做太大的调整，因此，为了保持图片的清晰度，必须保证图片本身的尺寸大小，以提高图片的分辨率，这是实现图片高清显示的最基本保证。

然而，图片高清显示的容量大小又关系到读者点击阅读软文信息时的用户体验，因此，在保持图片的高分辨率、不影响观看和顺利上传、快速打开的情况下，怎样处理图片容量大小成为一个非常关键的问题。也就是运用什么方法才能让高清图片改为普通大小。关于这一问题，平台运营者可以通过两种方法来解决，具体如下。

1. 使用 QQ 截图

在 QQ 打开界面，用户在结合快捷键的情况下以合适格式保存图像，即可得到普通大小的高清图片，具体步骤如下。

步骤 01　点击 QQ 头像，打开 QQ，再打开一张需要修改尺寸的高清图片，如图 7-15 所示。

图 7-15　打开需要修改的高清图片

步骤 02 按 Ctrl+Alt+A 组合键，将会在图上显示一个截图显示范围图标，如图 7-16 所示。

图 7-16 显示截图范围图标

步骤 03 移动鼠标指针至图片的左上角，然后按住鼠标左键并进行拖曳，选择高清图片，如图 7-17 所示。

图 7-17 选择图片

步骤 04 在显示的浮动面板上，单击"保存"按钮，如图7-18所示，执行操作后，即可完成截图。

图7-18 单击"保存"按钮

步骤 05 弹出"另存为"对话框，在其中设置保存位置和文件名，单击"保存类型"右侧的下拉按钮，在弹出的下拉列表中选择JPEG格式，单击"保存"按钮，如图7-19所示，即可完成图片另存操作。

图7-19 图片保存

用户可以分别查看高清图片的两种格式的图片容量大小，如图 7-20 所示。从图上可以看出，运用 QQ 截图并以 JPEG 格式保存的图片其大小和占用空间明显要比以原格式保存的图片小得多。

图 7-20　"属性"面板中显示的两种保存格式的图片大小

2．使用画图工具

除了可以运用 QQ 截图来把高清图片改为普通大小外，还可以通过画图工具来实现这一目标，具体步骤如下。

步骤 01　选择"开始"｜"程序"｜"附件"｜"画图"命令，打开"画图"工具，如图 7-21 所示。

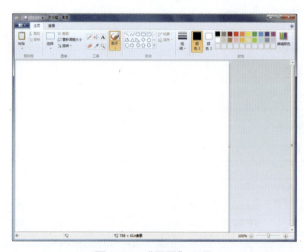

图 7-21　"画图"工具

步骤 02 在软件界面中,选择"画图"|"打开"命令,打开需要修改的高清图片,如图 7-22 所示。

图 7-22 打开需要修改的高清图片

步骤 03 选择"画图"|"另存为"命令,在弹出的"另存为"窗格中选择"JPEG 图片"选项,如图 7-23 所示。

图 7-23 选择"JPEG 图片"选项

步骤 04 执行操作后,弹出"保存为"对话框,如图 7-24 所示,设置图片保存的位置和类型,单击"保存"按钮即可保存图片。

图 7-24 "保存为"对话框

这样操作之后,通过查看属性可知,保存的图片比原图的大小和占用空间都要小得多。

7.1.8 美化:让图片更加鲜活

企业、个人在进行微信公众号运营的时候,一般说来,撰写运营软文是离不开图片的,图片是让微信公众平台的软文内容变得生动的一个重要武器,会影响到读者点开文章的阅读量。

因此,企业或者个人在使用图片给微信公众平台增色的时候,也可以通过一些方法给图片"化妆",让图片变得更加有特色,吸引到更多的读者,从而提升文章的阅读量。

微信公众平台的软文编辑给自己的图片"化妆",可以让原本单调的图片,通过多种方式变得更加鲜活起来。微信公众平台软文编辑要给图片"化妆",可以通过两个方法着手,具体如图 7-25 所示。

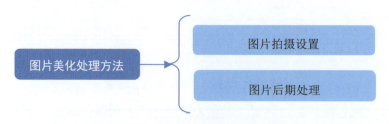

图 7-25 图片美化处理的两个方法

关于上图中提及的为微信公众平台软文的图片进行美化处理的两种方法，具体介绍如下。

1. 图片拍摄设置

微信公众平台使用的照片来源是多样的，有的微信公众平台使用的图片是企业或者个人自己拍摄的，有的是从专业的摄影师或者其他地方购买的，还有的是从其他渠道免费得到的。

对于自己拍摄图片的企业或者个人的微信公众号运营者来说，只要在拍摄图片时，注意好拍照技巧的运用，以及拍摄场地布局、照片比例布局等，就能达到给图片"化妆"的效果。

2. 图片后期处理

微信公众平台运营者在拍完照片后，如果对图片还是觉得不太满意，还可以选择通过后期处理来对图片进行美化，或者是微信公众号运营者从其他地方得到的图片不满意的话，也可以选择图片后期美化处理。

现在用于图片后期美化处理的软件有很多，如强大的Photoshop、众所周知的美图秀秀等。微信公众平台软文的编辑可以根据自己的实际技能水平，选择合适的好操作的图片后期软件，通过使用修图软件对图片进行加工，给图片"化妆"，从而让图片变得更加夺人眼球。

一张图片有没有加后期处理，效果差距是非常大的，如图7-26所示，就是同一张图片没经过后期处理与经过后期处理的效果对比。

（1）图片加工前

图7-26　同一张图片加后期处理与没加后期处理的效果对比

(2)图片加工后

图 7-26　同一张图片加后期处理与没加后期处理的效果对比(续)

7.1.9　容量:选择效果最佳的格式

前面在讲到微信公众平台文章主图的时候,就提到过要选择适宜的图片做文章的主图,其实在选择微信公众号中的每一张图片的时候都要经过仔细地斟酌,选择尺寸大小适宜的图片。

微信公众号软文的编辑在选择图片尺寸的时候,需要注意的是,图片格式的选择是多样的,如 .png、.jpg、.gif、.tiff 等。

微信公众号软文的编辑在选择图片的时候,将单张图片的容量大小控制在 1.5MB 到 2MB 之间为最佳。在这个容量限制下,微信公众号软文编辑可以从以上图片格式中选取效果最佳的格式进行图片制作。

同时,微信公众号软文编辑可以根据公众号定位的读者阅读时间的相关情况而对图片的大小做调整。

之所以说要选择合适的图片,就是从读者阅读体验出发的,不想让过大的图片耗费读者大量流量的同时还要耗费图片加载的时间。

如果微信公众平台定位的读者一般习惯晚上 8、9 点阅读文章,而这个时间段人们基本上是待在家里的,读者可以使用 Wi-Fi 打开微信公众平台进行阅读,在这种情况下,不用担心读者的流量耗费,也不用担心图片加载过慢,那么文章编辑就可以适当地将图片的容量放大一些,以便为读者提供最清晰的图片,让读者拥有最好的阅读体验。

如果微信公众平台定位的读者大部分是在早上7、8点钟阅读文章,那么读者使用手机流量上网的可能性就会比较大,这时候如果公众号发送文章的话,就需要将图片的容量控制在上面所说的1.5M～2MB,为读者节省流量的同时也节省图片加载时间。

7.1.10　水印：彰显平台特色

要想让微信公众平台的软文图片引爆读者的眼球,给图片打个标签也是微信公众号运营者需要注意的一个问题。给图片打标签的意思就是给微信公众平台的图片加上专属于该公众号的水印。

微信公众平台软文编辑者要给图片加上专属标签,可以在微信公众平台的后台进行操作,具体操作方法如下。

步骤 01　在计算机系统中登录微信公众平台,然后单击"公众号设置"按钮,如图7-27所示。

图7-27　单击"公众号设置"按钮

步骤 02　进入"公众号设置"页面之后,❶单击"功能设置"按钮,就能看到"图片水印"一栏,❷单击该栏右侧的"设置"按钮,如图7-28所示。

步骤 03　执行操作后,就会弹出相应的"图片水印设置"对话框,如图7-29所示。从图中可以看出,图片标签水印的设置有使用微信号、使用名称、不添加这3种基本形式。既然我们的目的是要给图片打标签,就可以选择忽略第三种形式,微信公众号运营者可以在第一种和第二种形式中选择一种设定微信图片的水印的形式。❶在此选择"使用名称"选项;❷然后单击"确定"按钮,即可完成操作。

图 7-28 设置水印一栏

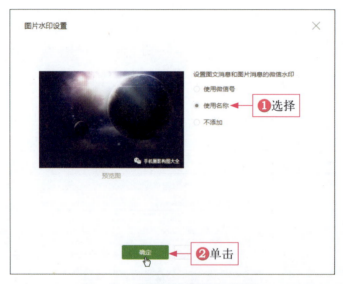

图 7-29 "图片水印设置"对话框

7.1.11 GIF 动图：让图片动态十足

很多微信公众号在放图片的时候都会采用 GIF 动图形式，这种动起来的图片确实能为公众号吸引不少的读者。GIF 格式的图片会让图片更有动感，相对于传统的静态图，它的表达能力更强大。静态图片只能定格某一瞬间，而一张动图则可以演示一个动作的整个过程，自然而然其效果会更好。

图 7-30 所示为一个名为"十点读书"的微信公众号发布的 GIF 格式的动图文章，图片内容非常生动。

图 7-30 "十点读书"发布的 GIF 格式图片

图 7-31 所示为一个名叫"爆笑 gif 图"的公众号发布的 GIF 格式的图片，图片内容非常搞笑。

图 7-31 "爆笑 gif 图"发布的 GIF 格式图片

7.1.12 长图文：图文结合，提升点击率

除了动图之外，长图文也是为文章内容加分的一种形式。有一个名为"ONE 漫画"的微信公众号，它在微信公众平台上发布的文章采用的是长图文的形式，以图片加文字的漫画形式来描述内容，其发布的文章阅读量也都很高。接下来我们就欣赏一下该公众平台上的某篇文章的部分内容，如图 7-32 所示。

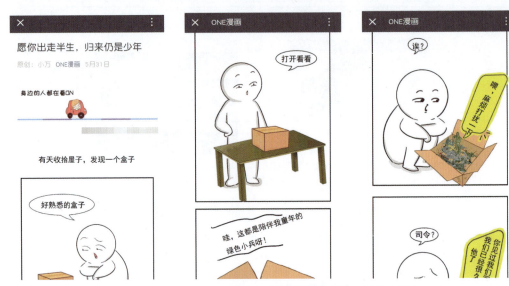

图 7-32 "ONE 漫画"长图文文章部分内容欣赏

可见，长图文是使得微信公众平台的图片能够获得更多关注度的一种很好的方法。长图文将文字与图片融合在一起，借文字描述图片内容的同时，用图片使所要表达的意思更生动、形象，二者相辅相成，配合在一起，能够使文章的阅读量提升到不可思议的程度。

7.1.13 二维码：打造与众不同

在现实生活中，随处都充满了二维码的身影，二维码营销已经成为一种很常见的营销方式。二维码对于微信公众平台来说也是非常重要的一种吸引读者的图片，同时它也是微信公众平台的电子名片。

因此，企业或者个人在运营自己的微信公众平台时，可以制作多种类型和形态的二维码进行平台推广与宣传，以便吸引不同审美类型的读者。将我们在生活中见到的二维码进行分类，可以分为 5 种类型，具体如图 7-33 所示。

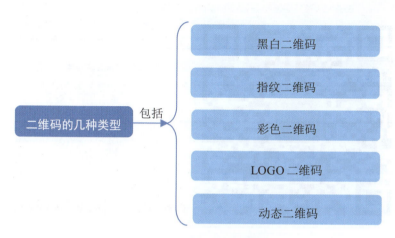

图 7-33　二维码的几种类型

关于二维码的 5 种类型，具体介绍如下。

1．黑白二维码

在我们的日常生活中，比较常见的二维码都是黑白格子的，如图 7-34 所示。这种单一的形式已经不能够满足喜欢尝鲜、喜欢创新的消费者了。

图 7-34　黑白二维码

2．指纹二维码

对于指纹二维码，相信很多人都不会感到陌生，这是一种很流行的二维类型。一张普通的二维码旁边加上一个指纹型的动图，相对于一般的二维码，它给人的感觉会比较有趣，像是指纹识别一样。图 7-35 所示为一张指纹二维码。

图 7-35　指纹二维码

3．彩色二维码

彩色的二维码是一种非常有特色的二维码，它不同于黑白二维码那么单调、死板。彩色二维码是亮丽、有活力的，这种二维码能够吸引大批追求新颖与特色的读者，能够使得微信公众平台变得更有特色。图 7-36 所示为一张彩色二维码。

图 7-36　彩色二维码

4．LOGO 二维码

LOGO 二维码是指企业将自己公司的 LOGO 设计到二维码中，使得读者在扫码或者阅读时能够看到自己企业的 LOGO 形象，加深了读者对企业的印象，也达到了传播企业知名度的目的。

这种类型的二维码，是企业进行微信营销与推广中很常用的一种二维码，其效果也是很不错的。图 7-37 所示则是一张 LOGO 二维码。

图 7-37　LOGO 二维码

5．动态二维码

动态二维码也是微信公众平台运用得非常广泛的一种二维码类型。动态二维码相对于静态的二维码来说能够带给读者更多动感，能给看见的人留下非常深刻的印象，一张动态二维码就是一张动态名片。图 7-38 所示为微信公众号使用的动态二维码，不断飘落的花瓣为二维码增添了动感。

图 7-38　动态二维码

7.2 图片运用：8种方式打动读者

要创作一篇出色的微信公众号文章，图片的力量是不可忽视的。一篇图文结合的文章对读者的吸引力肯定是一篇纯文字的文章所不能比拟的，在软文中灵活运用图片来表达内容是吸引人流的重要途径，主要可以从以下8个角度来进行分析。

7.2.1 体现情怀：胜过千言万语

图片能够向读者传递一个微信公众号的情怀，这类平台只用图片就可以胜过千言万语，能够让读者感受到公众号隐藏的情怀。

图7-39所示为一个名为"油画Artclub"微信公众号发布的一篇油画作品集文章中的一部分作品图。这一整篇文章，除了作品名称用文字表达外，后面的内容都是油画图片，但它却能表达该公众号的高雅情怀。

图7-39 "油画Artclub"公众号中图片体现情怀的部分案例

7.2.2 增强互动：培养忠实粉丝

各位商家在进行微信公众号运营的时候，根据自己平台的文章内容选择合适的图片，如果使得文章与图片之间搭配得很和谐，能够达到借助图片加深与读者之间的互动与交流的目的。用图片增加与读者之间的互动，可以帮助平台凝聚读者，从而培养出平台的忠实粉丝。

图7-40所示为"手机摄影构图大全"微信公众号发布的出版图书照片征集信息和照片投稿采用名单公示的软文。通过这两篇软文，可以促进平台与读者之间的互动和建立双方之间的信任感。

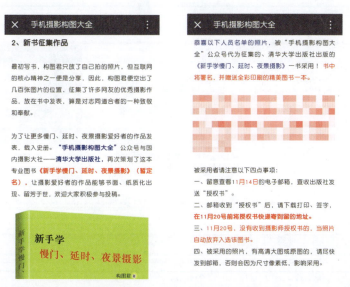

图7-40　微信公众平台发布的新书征集作品和投稿照片采用名单公示的互动软文案例

由图可知，平台订阅者只要在"手机摄影构图大全"公众平台上参与投稿，就有可能让自己的照片在正式出版物上发表，而"手机摄影构图大全"公众平台对这一活动的结果做了回应和公示，这种类型的活动就能够加深与读者互动，从而更好地提高读者黏性。

7.2.3　效果对比：营造真实感

微信公众平台在发布文章的时候配上图片，能够给读者带来最直观的视觉感受，增强真实感。企业在微信公众平台上发送带产品广告的文章时，配上图片是进行产品推广的较为有效的方法，如果平台推送的产品广告文章中能配上购买者对产品的使用感受图或者效果图，那是再好不过了。

因为大部分人是愿意相信自己的所见的，有时商家描述再多产品的好处，也抵不过买家的一句使用感受更有影响力。

图7-41所示为一个名叫"康宝莱微刊"的微信公众号在其平台上发布的用户使用自己产品前后的效果对比图。看到文中人物减肥前后的对比图，可以让读者更好地感受到其中的真实感，从而触发读者的信任感。

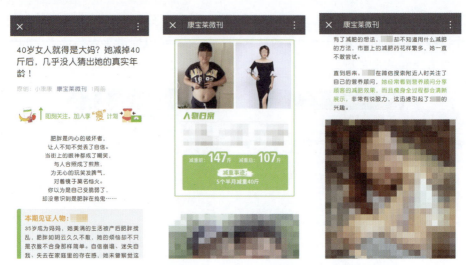

图 7-41　"康宝莱微刊"公众号中图片增强真实感的部分案例

7.2.4　感官催眠：提升认同感

微信公众号运营者写的文章如果不配图片，即使文章再长，它的吸引力也会大打折扣。因为过长的纯文字会显得比较枯燥，使读者容易产生阅读疲劳，人们对于长篇幅的纯文字会选择性跳过，不阅读。

然而，在文章中加上图片会使得文章变得更加形象，这一点对于带有广告性质的微信公众平台文章来说是非常重要的。

因为图片能让读者的视觉感官和思维受到其影响，从而达到催眠读者并让读者对产品认可的效果。

7.2.5　产品创意：创新助力营销

所谓"创意"，就是在现实存在的理解和认知基础上，赋予事物一种新的思维和意识。在创意范畴内，通过形成的新的思维和意识，人们可以很好地发掘资源深层次的价值。

在微信公众号运营中，利用图片的形式，让产品和品牌的中心关注点充满创意，能够立刻吸引消费者的注意力。关于微信公众平台的产品图片创意化，可通过两种形式来实现，即新包装和细节图。在新包装、细节图等多种形式的创意武装下，企业产品和品牌能够吸引更多消费者，促成营销目标的实现。

图 7-42 所示为周黑鸭联合御泥坊推出的一吻定情咬唇膏，包装就非常有创意。

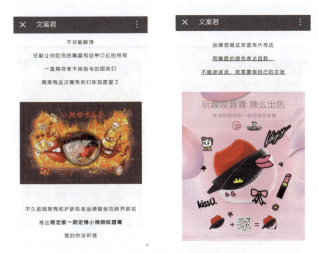

图 7-42　产品创意化的实现形式

7.2.6　身份代入：让文字人情化

在微信公众平台软文中，如果企业或商家放入其中的是有着消费者或其他人物身影存在的图片，那么该产品和品牌可以让读者产生身份认同感和代入感，而这一过程，也在无形中实现了读者对产品、品牌的了解，从而更信赖和信任产品或品牌。而想要实现这一目标，可以在软文中植入相关图片，如图 7-43 所示。

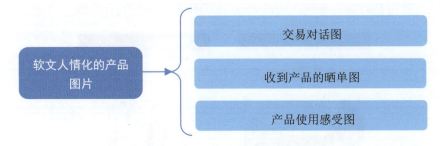

图 7-43　软文文字人情化的产品图片

通过图 7-43 中所提及的 3 种图片，可以让其他的读者融入商品营销过程中并产生一种角色代入感，将自己当作其中的顾客，想象成是自己在进行产品购买前的咨询或者是使用产品后在诉说对产品的感受，可以充分体验到顾客的心情。其实这就是图片让读者产生代入感的功效，而代入感的产生是建立在图片能够表达充满人情意味的产品的基础之上的，因此可以说，图片在表达上除了能够让产品创意化外，还具有让文字人情化的作用。

图 7-44 所示为"小米手机"微信公众号中用户购买产品后的感受图。

图 7-44　"小米手机"微信公众号中用户购买产品后的感受图

7.2.7　描画场景：直观形象真实呈现

如果想要完美、形象地呈现一个真实的生活场景，除了视频外，没有比图片更合适的方法了。虽然有时候文字描述也能真实地再现场景，能够让读者在脑海中呈现真实的生活场景，但这种形式是比较含蓄和富有韵味的，而从直观、形象的角度来说，其效果比图片还是略逊一筹的。图 7-45 所示为软文中图片的真实场景呈现。

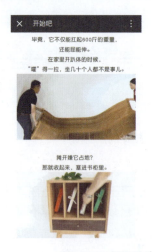

图 7-45　利用图片呈现真实生活场景

因此，在软文中以图片形式让读者在阅览图文的时候可以很直观地感受到真实生活场景，那么，软文的推送也就有了它的意义和价值。

7.2.8 形象符号：扩大产品宣传力

在微信公众平台的软文推送中，产品主要是通过 3 种形式呈现出来的，如图 7-46 所示。

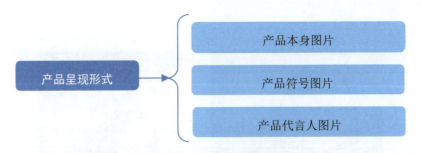

图 7-46　产品的图片呈现形式

上图中所提及的 3 种产品图片呈现形式，后两种是建立在符号和象征的基础之上的，它们是利用产品品牌标志、企业 LOGO 和代表性人物形象来推送产品的形式。图 7-47 所示分别为利用企业 LOGO 和产品品牌标志图片来推送产品的案例。

图 7-47　软文的产品形象符号化的图片呈现

利用图片实现产品形象符号化，可以让产品在进入市场的过程中，能够让消费者在一看到与该符号形态相同或相似的标识时产生一种联想,既能扩大产品的宣传影响力,还能促进产品营销的实现。

之所以能够产生联想,就在于产品的符号形象在流通传播过程中产生了一种文化意义和社会生命力,并与社会中的某一文化元素相契合,于是无形中就在消费者心目中形成了一定的形象和地位,这是产品形象化的真实意义所在。

这种做法在软文营销中多有体现,例如,微信公众平台"手机摄影构图大全"的软文在撰写过程中总会呈现其二维码,而二维码上的公众号头像,明显是品牌形象符号化的体现,如图7-48所示。

图7-48　蒙娜丽莎构图设计和公众号头像呈现

图片利用蒙娜丽莎的经典形象,再辅以公众号的主题内容"构图"设计,可以带给读者深刻的印象。当读者在其他地方看到蒙娜丽莎的图片、感受她的美时,很容易就能联想起关于"手机摄影构图大全"这一微信公众号软文发布平台,这对于宣传该平台品牌是有着重要作用的。

7.3　排版设置:打造舒适视觉体验

运营微信公众号的过程中,在保证内容的优质和原创性的基础上,软文编辑者只有将排版做好,才能带给读者最佳的阅读体验,让他们成为媒体平台的忠实粉丝。

7.3.1　开头:两种方式引导关注

相信大部分人每天会阅读微信公众平台推送的信息,那么大家注意到文章的开头部分的排版有什么秘密吗？

每个微信公众平台上的文章，运营者都会在文章的开头处放上图 7-49 所示的一段邀请读者关注平台的话语或者图片。

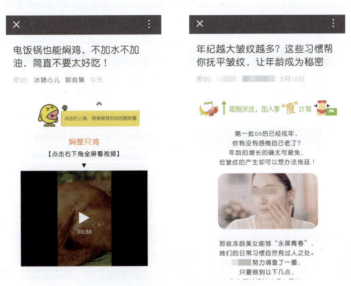

图 7-49　文章开头排版的公众号案例

这段话、这张图片为什么要放在文章的开头部分呢？其实，把它安排在开头的作用是让读者在点开文章的时候就能够点击关注微信公众平台，以达到增加平台关注量的目的。

7.3.2　要点：加粗 + 调色 + 图片

在微信公众平台上，后台编辑的软文字体要求是宋体，这对于需要利用其他字体来进行区分和突出重点的软文来说，是一个亟待解决的问题。在此种情况下，微信公众平台运营者可以通过以下 3 种方法来体现要点，如图 7-50 所示。

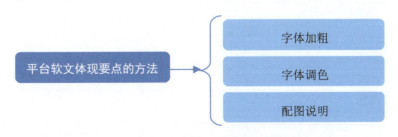

图 7-50　平台软文体现要点的 3 种方法

关于上图中提及的3种突出要点的方法，下面将进行具体介绍。

1．字体加粗

这是一种比较常用的方法，一般的文本编辑中，多有采用这种方法来标注要点的案例存在，在微信公众平台上更是比比皆是，如图7-51所示。

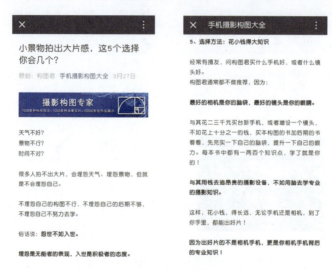

图7-51　微信公众平台上用加粗字体来标注要点的案例

这种突出要点的方法的操作，主要是通过微信公众号编辑后台来完成的，如图7-52所示。

图7-52　微信公众号编辑后台的字体加粗方法

2．字体调色

除了可通过字体加粗方法来突出要点外，还能通过字体调色来实现，其操作是在后台单击"字体颜色"按钮，如图7-53所示，在弹出的面板中选择相应颜色即可。

图 7-53　微信公众号编辑后台的字体调色方法

专家提醒

在"字体颜色"列表框中，可以用不同的方法选择文字颜色，具体如下。

（1）运营者在微信公众号上编辑图文消息是一种经常性的工作，会使用到一些颜色，因而在上方有"最近使用颜色"区域，可以从中选择。

（2）在"基本色"区域，提供了45种颜色，另外，基本色旁边还有"更多颜色"按钮，单击该按钮，可切换到"更多颜色"页面进行选择。

（3）在下方的文本框中，输入颜色的相应参数，可准确地设置为任意颜色。

这也是一种突出软文要点的方法，在非官方的微信公众号上比较常见，如图7-54所示。

图 7-54　微信公众平台上字体调色标注要点的案例

3. 配图说明

由于微信公众平台上的字体都是系统默认的，无法更改，即使更改了，推送到读者的手机上时也不会显示出来。因此，如果想通过更改字体的方式来吸引读者的眼球，可以把重点想要突出的文字内容和图片融合在一起，如此一来，多样的字体形式和要点内容就可以尽情展现了，如图 7-55 所示。

图 7-55　微信公众平台上图文结合体现要点的案例

7.3.3　黑灰色：官方账号略显庄重

黑色和灰色巧妙搭配，主要指的是字体的颜色，而非图片或其他软文元素的颜色。在微信公众平台上可以看到，有些账号的软文版式明显呈现出略显庄重的特色，它们的官方账号上的软文在主要内容的字体颜色上有别于个人账号、娱乐账号等，大多数是在黑和灰两种颜色间选择。

黑灰两色相互配合的主体字体颜色，在保证排版美观、整齐的情况下，又有着该类公众号的典型特征，如图 7-56 所示。

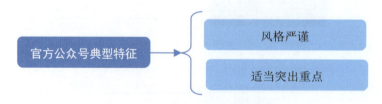

图 7-56　官方微信公众号典型特征

图 7-57 所示为"中华书局 1912"微信公众平台软文的主要内容的字体颜色。

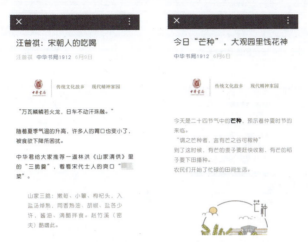

图 7-57 "中华书局 1912"公众号软文的字体颜色

7.3.4 字号：大小合适字体的效果好

给文章的内容选择合适的字体大小，也是微信公众平台运营者排版中需要考虑到的一个事项。

合适的字体大小能让读者在阅读文章的时候不用将手机离自己的眼睛太近或太远，而且合适的字体大小能让版面看起来更和谐。

在微信公众平台后台群发功能中的新建图文消息的图文编辑栏中设有字体大小的选择功能，如图 7-58 所示。

图 7-58 微信公众平台的字体大小设置功能

从上图中可以看到，微信公众平台为运营者提供了 7 种不同大小的字体设置选项。接下来笔者将为大家展示同一段文字在微信公众号后台设置成不同字体大小后的效果，字号大小从上到下、12px 到 24px 的顺序，如图 7-59 所示。

图 7-59　同一段文字设置不同字体大小的效果

从上图中我们可以看出，16px、18px、20px 这 3 种大小的字体看起来会比较舒服，因此微信公众平台运营者在设置文字字体大小的时候，可以在这 3 种字号中进行选择。

值得注意的是，在图 7-59 中点击"字号"按钮之后显示的是 10px～36px，但实际上在弹出的下拉列表中可供选择的字号却是 12px～24px。

7.3.5　间距：3 种类型把握好

文字排版中，文字之间的间距很重要，尤其是对于用手机浏览文章的微信用户来说。文字间距要适宜，主要指的是文字 3 个方面的距离要适宜，这 3 个方面具体如图 7-60 所示。

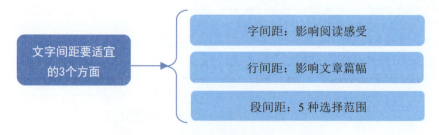

图 7-60　文字间距要适宜的 3 个方面

关于文字间距的 3 个方面，具体内容如下。

1．字间距：影响阅读感受

字间距指的是横向间的字与字的间距，字间距宽与窄会影响到读者的阅读感觉，也会影响到整篇文章篇幅的长短。

在微信公众号的后台，并没有可以调节字间距的功能按钮，所以微信运营者如果想要对公众平台上的文字进行字间距设置的话，可以先在其他的编辑软件上编辑好，然后再复制和粘贴到微信公众平台的文章编辑栏中。

在这里笔者以 Word 为例，来为大家讲一下文字的字间距。在 Word 中，字间距的标准有 3 种，分别是标准、加宽、紧缩，如图 7-61 所示。

图 7-61　Word 中的字符间距的标准

而这三种距离还可以根据个人的喜好进行调整。字符间距宽，同样字数的一段话，它所占的行数就会多，相反则会少。

接下来，笔者将为大家展示将字数相同的一段文字按 Word 中标准、加宽 1.5 磅、紧缩 1.5 磅 3 种形式，复制、粘贴到微信公众平台后台群发功能中的新建图文消息的图文编辑栏中所呈现出的效果，具体如图 7-62 所示。

由图可以看出，文字的字间距对微信公众平台上文章的排版是有一定影响的，并且会影响到读者的阅读体验，所以微信公众平台的运营者一定要重视对文字间字间距的排版。

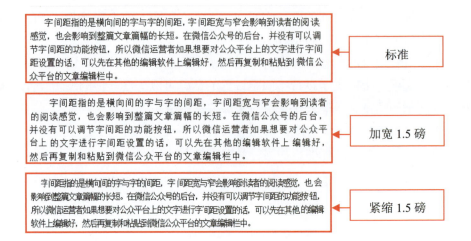

图 7-62　Word 中的字间距种类显示效果

2．行间距：影响文章篇幅

行间距指的文字行与行之间的距离，行间距的多少决定了每行文字间纵向间的距离，行间距的宽窄也会影响到文章的篇幅长短。

在微信公众平台后台群发功能中的新建图文消息的图文编辑栏中设有行间距排版功能，其可供选择的行间距宽窄有 7 种，具体如图 7-63 所示。

图 7-63　微信公众平台后台的行间距排版功能

如图 7-64 所示，在公众号后台新建图文消息的图文编辑栏中的对同一段文字行间距排版,分别将文字的行间距设置为1倍、1.5倍、1.75倍、2倍和3倍之后的效果对比图。由图可以看出,将行间距设置在1.5倍到2倍之间,其排版效果视觉体验会较好。

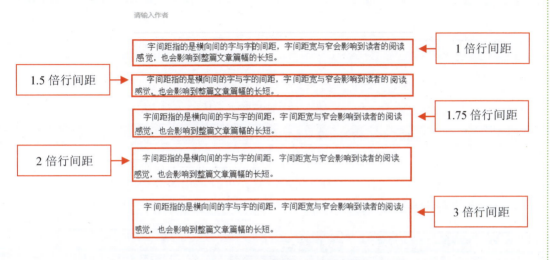

图7-64 同一段文字设置不同行间距的效果对比

3．段间距:5种选择范围

文字的段间距指的是段与段之间的距离,段间距的多少也同样决定了每行文字间纵向间的距离。

在微信公众号后台群发功能中的新建图文消息的图文编辑栏中设置有段间距排版功能,且分为段前距与段后距两种,这两种段间距功能都提供了5种间距范围选择,如图7-65所示。

(1) 段前距

图7-65 微信公众平台的段前距与段后距功能

微信公众号运营
100000+ 爆款软文内容速成（第 2 版）

（2）段后距

图 7-65　微信公众平台的段前距与段后距功能（续）

微信公众平台运营者可以根据本平台的读者的喜好去选择合适的段间距。微信公众平台运营者要弄清楚读者喜好的段间距风格，可以采用向读者提供几种间距版式的文章让读者进行投票选择的方法来得到。

7.3.6　配色：搭配适宜，突出重点

微信运营者在进行文章内容排版的时候，要特别注意色彩的搭配。人们的眼睛对色彩非常敏感，不同的颜色能够向人们传递不同感觉，例如人们经常会说的"红色给人以热情、奔放，蓝色给人以深沉、忧郁"。

微信公众平台的运营者在进行文章内容排版的时候，主要会涉及色彩搭配的地方有以下两方面，具体如图 7-66 所示。

图 7-66　文章中涉及色彩搭配的方面

关于微信公众平台软文中涉及色彩搭配的两个方面的内容，具体分析如下。

1．文章中所用图片的色彩搭配

图片同样也是微信公众平台文章中的重要组成部分，有的微信公众号在推送的一篇文章中，就只有一张图片或者全篇都是图片。

图片的色彩搭配适宜，主要需要做到以下几点，具体如图 7-67 所示。

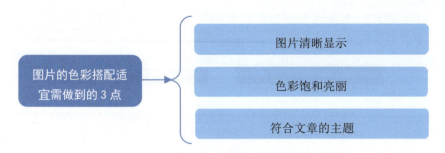

图 7-67　图片的色彩搭配适宜需做到的 3 点

2．文章中所用文字的色彩搭配

对于大部分的公众号文章而言，文字是一篇文章中的重要组成部分，它们是读者接受文章信息的重要渠道。

文章的文字颜色是可以随意设置的，并不只是单调的一个色。从读者的阅读效果角度出发，将文章中的文字颜色设置为符合阅读习惯和兴趣的最佳的颜色是非常有必要的。文字的颜色搭配适宜是让文章获得吸引力的一个重要因素，其意义具体如图 7-68 所示。

图 7-68　适宜的文字颜色搭配的作用

微信运营者在进行字体颜色设置的时候，要以简单、清新为主，尽量不要在一篇文章中使用多种颜色的字体，这样会让版面看起来非常花哨，使得整篇文章缺少一种舒适、整齐的感觉。

同时，文字的颜色要以清晰可见为主，不能使用亮黄色、荧光绿这类容易让读者看久了眼睛产生不舒适感的颜色，尽量以黑色或者灰黑色等颜色为主。

在介绍了适宜的文字颜色搭配会产生的作用后，让我们来欣赏一下图 7-69 所示公众号中文字的颜色搭配，其文字颜色搭配看起来非常舒适。

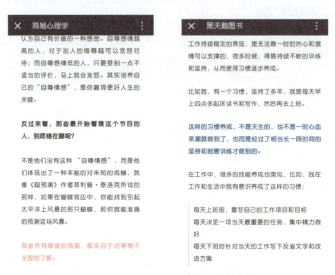

图 7-69　文字颜色搭配舒适的案例

另外，微信公众号运营者如果要对文章中某一句话或者某个词进行特别提示，使读者能一眼就注意到的话，那么可以使用一些其他颜色来对该文字进行特别标注，使其更显眼。图 7-70 所示为"手机摄影构图大全"公众号中使用其他颜色特别标出关键词的效果展示，其效果特别突出，让读者一眼就能看出重点所在。

图 7-70　用其他颜色标出关键词的案例

7.3.7 图文配：注意搭配更舒适

虽然现在文章的内容形式有语音、视频等多种样式，但是大多数公众号的文章还是以图文结合形式为主。如果要说微信公众平台文章的排版，那就不得不提文章的图文排版。微信公众平台运营者在进行文章图文排版的时候，如果要想让版式看起来舒适，就需要注意两点。

1. 图片版式要一致

在同一篇文章中，用到的图片与版式要一致，这样给读者的感觉就会比较统一，有整体性。

图片的版式一致，指的是如果微信公众平台运营者在文章内容的最开始用的是圆形图，那么后面的图片也就用圆形的；同样的如果第一张是矩形的，后面的也都要用矩形图片。

以公众号"手机摄影构图大全"为例，它在"这创意太帅了！画中画构图，彻底看呆了"这一篇文章中使用的图片版式与图片大小就是一致，如图 7-71 所示，这样能给读者整体感。接下来，我们就来欣赏一下这篇文章的部分内容。

图 7-71　图片版式、大小一致的公众号案例

2. 图文间要有间距

图文间要有间距，在此可以分为两种情况进行分析。

（1）图片与文字间要隔开一段距离，不能太紧凑。如果图片与文字挨得太紧，会让版面显得很拥挤，给读者的阅读效果不佳。

（2）图片与图片之间不要太紧凑，要有一定的距离。如果两张图片之间没距离，就会给读者是一张图的错觉。尤其是连续在一个地方放多张图片的时候，更要注意图片之间的距离。

7.3.8 白底：去除残留痕迹

在微信公众平台上，有些账号的运营软文并不是原创的，而是转载和分享等方式来获得的。在此种情形下，平台运营者在复制和粘贴文章时就需要注意一个非常重要的问题，就是不能在平台软文中留有任何复制、粘贴的白底痕迹。

这些白底痕迹是平台界面底色和版式格式两方面原因造成的，如图 7-72 所示。

图 7-72　微信公众平台造成软文留白底的原因

因此，平台运营者在复制和粘贴网页上的文章时，首先要做的工作就是清除文本格式，这可以通过两种方法来完成。

（1）把网页文章内容复制和粘贴到 Word 中，单击"字体"选项板中的"清除所有格式"按钮，如图 7-73 所示，即可清除格式。

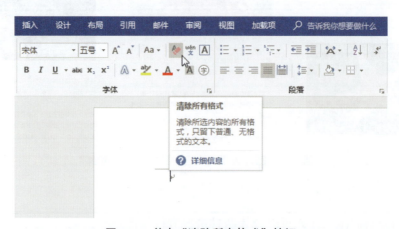

图 7-73　单击"清除所有格式"按钮

（2）把网页文章复制和粘贴到微信公众号后台上，在编辑框上单击"清除格式"按钮，如图7-74所示，也可完成操作。

图 7-74　单击"清除格式"按钮

7.3.9　结尾：设置引导关注

很多的微信公众号，会在文章的结尾处留一个版面，用于对平台上之前已经推送过的文章进行推荐，一般以"推荐阅读"和"猜你喜欢"等方式来进行排版设置，如图7-75所示。

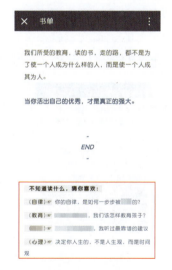

图 7-75　文章结尾排版设置"推荐阅读"案例

还有的公众号拥有自己的网站，他们会在文章的最下面设置一个"阅读原文"的按钮，如图7-76所示，即可引导读者关注企业网站或者产品，为企业和产品增加更多的关注度。这两种做法，都能为平台增加点击量。

图 7-76　文章结尾排版设置原文阅读案例

7.3.10　分隔线：提醒与舒适感

分隔线是在文章中将两个不同部分内容分隔开来的一条线。虽说它叫分隔线，但是它的形式不仅仅是线条这种形式，它还可以是图片或者其他的分割符号，用户可以根据自身需要任意选择。

分隔线可以用于文章的开头部分，也可以用于文章的结尾部分，如图 7-77 所示，公众号"掌柜攻略"的这篇文章就在文章开头用了分隔线，而公众号"中国教育报"的这篇文章就在正文的结尾部分用了分隔线。

图 7-77　将分隔线用于文章开头与结尾处的案例

在微信公众号后台群发功能中的新建图文消息的图文编辑栏中设有分隔线功能，但是它的分隔线功能中提供的形式只有一种，如图 7-78 所示。

图 7-78　微信公众平台上的分隔线功能中的样式

　　微信公众号运营者可以借助分隔线将文章内容分开，这样能给读者提供一种提醒功能，同时也能增加文章排版的舒适感，带给读者更好的阅读体验。对于微信公众平台提供的分隔线类型少的问题，商家可以借助其他的软件来设计更多的分隔线类型。

7.3.11　风格：取长与积累素材

　　微信公众平台运营者可以从其他排版优秀的公众号中总结经验，汲取其中的优点，再根据自己的情况建立起属于自己的排版体系。

　　同时，在看见新颖、好看的排版版式的素材时，也可以将其收藏起来，建一个属于自己的素材库，这样不仅丰富了版式资源，还可以节省很多寻找版式素材的时间，提高了工作效率。

7.3.12　编辑器：丰富软文排版

　　在微信公众平台的后台，其所能提供的编辑功能是有限的，只有最简单的文章排版功能，这一情况和事实对使用微信公众平台的商家来说就难免显得太单调了，不能够吸引读者的眼球。

　　因此，商家可以借助一些功能更齐全的第三方编辑器来帮助自己设计出更多有特色的文章版式，吸引读者的眼球。

　　现在网上这种第三方的编辑器有很多，下面笔者就为大家介绍比较常见的几种，具体如图 7-79 所示。

图 7-79　常见的微信第三方内容排版编辑器

这6种编辑器都是优秀的内容编辑器，操作流程也大同小异。下面就以秀米编辑器为例为大家介绍一下排版操作流程。

步骤 01 进入秀米官方网站，登录秀米，在秀米主页上单击"我的秀米"按钮，如图7-80所示。

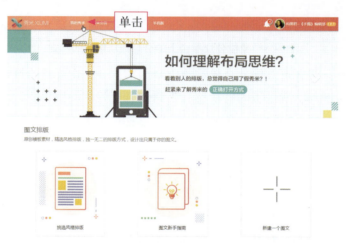

图7-80 单击"我的秀米"按钮

步骤 02 执行上述操作后，进入"我的图文"页面，单击"添加新的图文"按钮，如图7-81所示。

图7-81 单击"添加新的图文"按钮

步骤 03 执行上述操作后，通过加载即可进入相应的"图文模板"页面，如图7-82所示。

图 7-82 "图文模板"页面

步骤 04 单击模板左侧的"我的图库"按钮,即可进入相应的编辑页面,如图 7-83 所示。

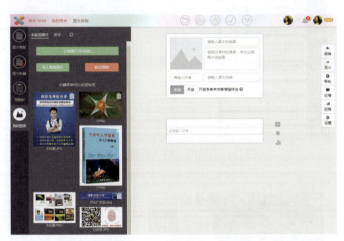

图 7-83 "我的图库"页面

步骤 05 上传一张图片作为推送消息的封面,如图 7-84 所示。

步骤 06 输入图文标题和描述,然后单击"图文模板"按钮,进入"图文模板"页面,在该页面单击"输入标题"按钮,如图 7-85 所示。

步骤 07 执行上述操作后,在界面右侧上传的封面下方的编辑栏中输入标题,如图 7-86 所示。

微信公众号运营
100000+ 爆款软文内容速成（第2版）

图 7-84　上传封面

图 7-85　单击"输入标题"按钮

图 7-86　输入标题

步骤 08 输入文字内容,然后单击"我的图库"按钮,进入相应页面,在其中选择一张图片进行单击,即可完成图片的编辑操作,如图7-87所示。

步骤 09 完成所有内容的编辑后,单击上方菜单栏中的"预览"按钮,如图7-88所示,即可对编辑的内容进行预览。

图 7-87　图片和文字的编辑

图 7-88　单击"预览"按钮

步骤 10 预览确认无误后,此时运营者只要❶单击顶部的 按钮,在弹出的下拉菜单中❷选择"去同步多图文"选项,如图7-89所示。进入"去同步多图文"页面,在页面左侧选择要同步的图文信息,执行操作后该图文信息会在页面中显示出来,如图7-90所示。

图 7-89　选择"去同步多图文"选项

图 7-90　选择要同步的图文信息

步骤 11　移动鼠标指针至页面上方的"同步到公众号"按钮上，在弹出的页面中，❶勾选要同步的公众号，❷单击"开始同步"按钮，如图 7-91 所示。

步骤 12　然后出现相应的进度条，如图 7-92 所示，当进度条显示 100% 时就已经成功地将图文消息同步到公众号了。

图 7-91　开始同步图文操作

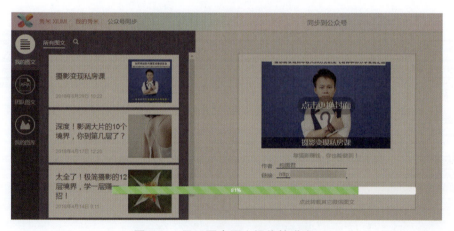

图 7-92　显示同步图文操作的进度

第8章

营销推广：热点＋痛点＋话题

学前提示

在微信公众号运营过程中，软文是主要的宣传和推广方式，而在软文中充分利用各种营销思维和方式，是在公众平台整合过程中的营销最大化的体现。

本章将介绍微信公众号上的热点追踪软文、痛点思维软文和焦点话题的具体内容，以期为读者指点迷津。

要点展示

◎ 热点：引爆传播的秘密
◎ 痛点：满足用户的渴求
◎ 话题：对焦用户关注点

8.1 热点：引爆传播的秘密

在微信公众号软文中，追踪时事热点的软文还是在比较常见的，且能获取更高的关注度，因此，很多微信公众平台都着力于把热点事件切入软文中。

本节将针对这种微信公众平台的软文撰写和传播形式整合来进行深入分析，以便为公众号运营者的爆款软文打造提供有益的解决办法，并获得公众号形象和影响力的推广。

8.1.1 关系解读：分析热点与软文

在微信公众号软文撰写过程中，关于微信公众号的平台整合，其中一种就是把软文内容与实事热点进行巧妙结合的形式。

在此概念中的"热点"，是一个众所周知的概念，它必须具备几个方面的基本要素，如图 8-1 所示。

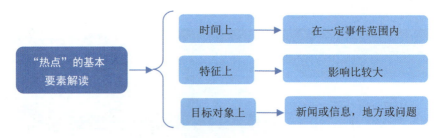

图 8-1 "热点"的基本要素解读

而软文内容与实事热点的整合传播形式，二者之间是一种相互影响和相互作用的关系，具体分析如下。

1. 热点角度

从热点角度而言，软文内容和实事热点之间的关系主要表现在内容植入点和传播手段这两个方面，在这一关系中，热点作为话题的主体，充当着一种扩散的角色延伸的作用。

关于热点角度的软文内容与实事热点的关系分析，具体如图 8-2 所示。

从图 8-2 可以看出，热点角度的软文内容和实时热点关系解读的两个方面也是存在相互依存的关系的。其原因在于：只有当热点充当了软文内容，才有可能充当软文传播的触发点；就是因为热点能充当传播的触发点，才更有机会充当软文的内容植入点。

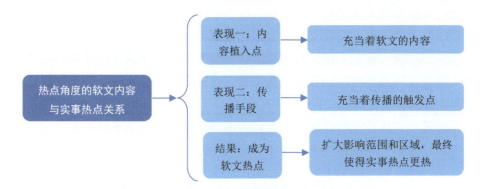

图 8-2　热点角度的软文内容与实事热点关系分析

2. 软文角度

从软文角度而言，二者的关系表现在传播载体和传播手段方面，在这一关系中，软文作为话题的主体，充当着一种媒介机制扩散的作用。关于软文角度的软文内容和实事热点的关系分析，具体内容如图 8-3 所示。

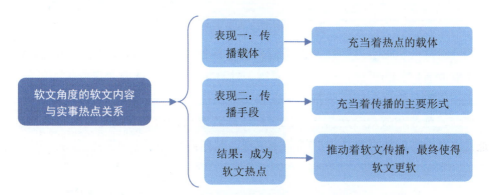

图 8-3　软文角度的软文内容与实事热点关系分析

从图 8-3 可以看出，软文角度的软文内容和实事热点关系解读的两个方面同样存在着相互依存的关系。其原因在于：只有当软文充当了热点的传播载体，才有可能加大形成充当传播的主要形式的机会；就是因为软文能充当传播的主要形式，才更有机会充当热点的传播载体。

8.1.2　抢速度：抓住机会快人一步

在软文撰写过程中植入热点，其实现平台整合应用可以选择两个足以取胜的切入点，一个是抢速度，另一个是有深度。

在此，从抢速度角度出发，具体介绍热点追踪软文的撰写。

之所以要注重热点追踪软文的时效性和及时性，其原因就在于热点是基于某一时间段而言的。就这一原因来说，热点追踪软文首先应该尽可能地抢速度，也就是说，在当事人直接发声的首发时间和影响范围外，通过敏锐的热点感知能力去抓住机会先于其他平台发布软文。

对于抢速度的热点追踪软文而言，其能够吸引读者的显著标识就是把突发事件冠以"首发""独家"等字眼，主要特征如图8-4所示。

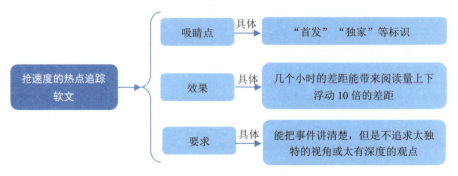

图8-4 抢速度的热点追踪软文

而针对这一类热点追踪软文，微信公众号首先要注意的问题就是应该把握住第一时间获取最新信息的机会，只有把握了这一信息报道先机，才有可能获取更高的关注，也才能利用整合的平台资源为打造爆款软文提供信息基础。

那么，企业和公众号运营者应该怎样才能获取最新信息并成文呢？总体说来，可以通过建立一定的热点事件追踪机制来实现，具体内容如图8-5所示。

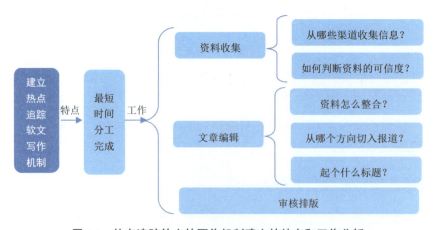

图8-5 热点追踪软文的写作机制建立的特点和工作分析

8.1.3 有深度：掌握4类切入角度

上文已经从速度角度对热点追踪软文的撰写进行了详细介绍，但是这一类热点追踪软文对大多数微信公众号企业和运营者而言，想要牢牢把握住机会，还是存在不少的操作性难题的，因此，他们可以另换一种思路——从热点事件的深度这一角度进行探索，也不失为一种写作热点追踪软文的好方法。

当然，热点事件在时间上的原则性要求还是不应变更的，也就是说，不能把握热点软文发布的先机，并不是说这一热点在任何时刻都是适宜的，而是应该在时间上把握一个适度原则。

接下来就具体介绍在观点上有深度的热点追踪软文的撰写。这类软文，确切地说是一种评论性的软文，因此，在撰写的过程中最重要的是要掌握热点软文切入的角度。大致来说，可以分为4类，具体内容如下。

1．对热点事件的影响进行分析

一个突发的热点事件的产生，一般是会产生重大的影响的，且这些影响是多方面的，微信公众号运营者可以基于这些影响来对热点事件进行有深度的分析和评论。图8-6所示为针对目前非常热门的一个女生选秀节目对女性观众的影响而发布的软文案例。

图8-6　热点事件影响的软文案例

在上图的软文中，针对一档时下非常热门的女团选秀节目分析其中的女孩们带给女性观众的正面的意义。这个节目的代入感很强，让女生们有共同成长的感觉；而且还激励了观众，给了观众做自己的信心和追逐梦想的励志感。对于观看过节目的热情观众是很容易产生情感共鸣的，从而愿意帮助公众号推广和宣传软文，为打造爆款软文提供支持。

2．对平台上的各种评论进行汇总

同影响一样，社会媒体和各方人士关于热点这一突发事件本身是会产生各种评论的。而微信公众号也可以从这些评论出发来撰写热点追踪软文，如图8-7所示。

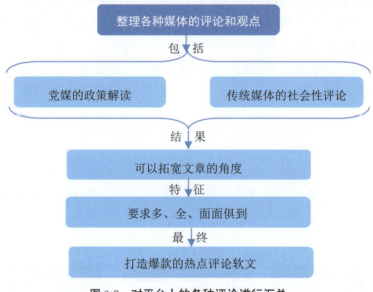

图8-7　对平台上的各种评论进行汇总

另外，写作这一类型的热点追踪软文，编辑者还应该对收集整理的各种评论进行总结，提出自己的具有代表性意义的观点，这样才能称之为一篇自己创作的软文，否则，读者将只会把它当作各种评论汇总的转发来看待，不能很好地提升公众号形象。

3．对相关政策的内涵进行解读

读者在微信公众号上阅读软文，能耐心而仔细读完全篇内容的比较少，一般会抓住重点和关键词来阅读，而大多数的软文也往往是抓住一两个关键词作为吸睛点来撰写的，其观点比较片面。

针对这一情况，有能力的公众号的企业主体和运营者可以针对热点事件的相关政策进行全面的解读，并把事件全貌进行一些对比和总结，往往能产生意想不到的推广和宣传效果，特别是对那些听过这一热点事件但又不是特别熟悉的人来说，这样的软文往往是他们阅读时的首选。

4．对与之相关的大趋势进行预测

从本质上来说，热点也是基于一定的社会背景而产生的，因此，微信公众号可以从热点事件出发，在未来的发展和时代趋势上着墨，成功撰写一篇爆款软文，当然，这一手法也是热点追踪常用的创作方法。

图 8-8 所示为一篇对新零售未来发展趋势的预测的软文案例。

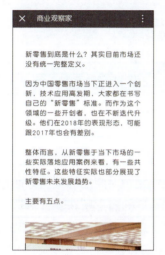

图 8-8 "商业观察家"公众号的软文案例

在这一类的软文中，一般是有一些写作的常用套路和词汇的，举例如下。

（1）常见套路：参考历史层面的类似的事件和案例，对热点的未来趋势和走向进行预测。

（2）常用词汇：一般采用如"模式""趋势""走向""政策"和"行业"等方面的词汇。

8.1.4 热点标题：两种情况具体分析

标题作为软文的一个组成因素，一直是被撰写者、运营者和读者广泛关注和探讨的话题，在爆款软文的创作过程中，一个好的、有价值的标题是必不可少的。那么，针对热点追踪一类的软文，软文编辑者应该怎样对标题进行设置呢？

热点追踪软文的标题设置与其他类型的软文标题一样，都是需要撰写者基于公众号、内容和读者等多重因素来设置。但在热点追踪软文的标题撰写中，编辑者应该针对两种情况来进行具体分析，除了把事情讲清楚之外，还应该加一些吸引阅读的关注点，如图 8-9 所示。

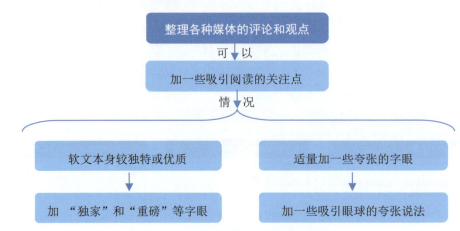

图 8-9 热点追踪软文的标题撰写分析

8.2 痛点：满足用户的渴求

对于企业商品而言，它在满足用户需求的同时，也会让用户对商品的某些方面产生一些不满的想法，这是无法避免的，而这又恰恰是营销和推广的痛点所在。针对这一情况，企业往往是从用户对商品不满的方面着手解决问题的，目的就在于提升产品和品牌形象。

本节将重点介绍微信公众号的软文营销痛点，实现平台推广和痛点设置的平台整合，最终打造爆款的公众号软文。

8.2.1 痛点思维：满足用户期望价值

所谓"痛点思维"，就是用户在产品营销或服务体验过程中产生的需求没有得到彻底满足的心理落差，以及其不断积累而形成的负面情绪等心理表现，企业或商家等针对这一心理表现，积极地从各个角度出发，以期满足用户的产品期望价值的思维方式和宣传方式。这一说法看起来是非常抽象的，下面以具体的软文案例来更清晰地说明软文的痛点思维创作、思维和宣传方式。

图 8-10 所示为在标题上利用痛点思维进行推广的软文案例。

"丁香医生"微信公众号发布的"怎样才能减肚子？很多人都用错了方法"，对于想要瘦肚子却没有瘦下来的人而言是非常有吸引力的，他们会毫不犹豫地点击阅读的。

"一条"微信公众号发布的"颈椎不适、容易落枕？试试这个荞麦壳做的枕头"，有此类问题的读者一定会点开阅读的。

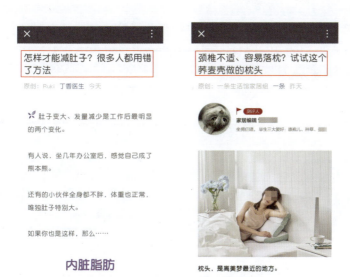

图 8-10　在标题上利用痛点思维的软文案例

图 8-11 所示为在内容上运用痛点思维的软文案例。

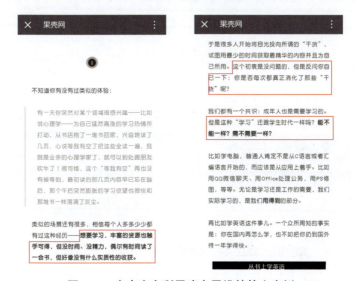

图 8-11　在内容上利用痛点思维的软文案例

8.2.2　宣传推广：解决用户的不满情绪

在商品的营销过程中，痛点思维的运用并不少见，如星巴克横向排队、无餐航班等。其中的星巴克横向排队就是在保证了用户点餐、用餐和出入上的便捷的基础上，解决了用户就餐过程中的痛点需求，从而实现了痛点营销。

而在微信公众号运营过程中，痛点思维是为了解决用户的各种不满情绪而利用软文形式进行宣传和推广的。因此，这一过程中的痛点思维主要从3个方面体现了其特点，具体内容如图8-12所示。

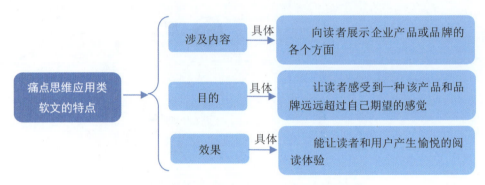

图8-12　利用痛点思维进行软文宣传和推广的特点

8.2.3　思维应用：三大特征必不可少

对于微信公众号运营来说，其平台的设计和定位是离不开客户体验的，而客户体验又是以痛点为核心的设计，它是为满足用户的痛点而服务的，对公众号来说，它具有3个方面的作用，如图8-13所示。

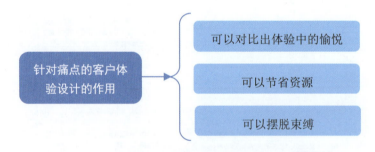

图8-13　公众号针对痛点的客户体验设计的作用

而这一客户体验设计之所以具有图8-13所示的作用，是由痛点思维的地位决定的，这也就构成了客户体验设计的痛点思维的必要性特征，具体表现如下。

1. 突出体验痒点

用户在选择产品或品牌的过程中，往往会在内心进行一番对比，而促使用户选择某一产品的结果的原因就在于该产品的宣传点恰好击中了他们的痛点，构建起了让用户满意的痒点。关于对比心理的痛点思维，具体做法如图8-14所示。

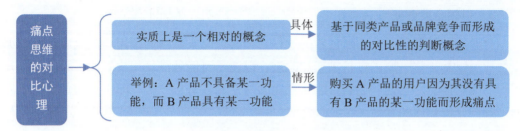

图 8-14　痛点思维的对比心理

因此，就痛点思维而言，它其实也就是一个对比的过程，是为了在对比的过程中利用一些竞争对手不具备的功能来击中用户痛点的设计思维方式。因此，针对痛点思维而设计和撰写的软文，编辑者可以试着从不同角度出发，避开自身产品或品牌的功能缺陷，另辟蹊径，满足用户的购买需求，提升产品或品牌形象。

2．聚焦形成亮点

从上面的论述可知，痛点思维的对比心理在最后往往是另辟蹊径而形成全新的宣传和推广效果，其实，这一策略从某一层面来说也是一种战略上的放弃，即把不能满足用户需求的痛点尽可能地利用亮点聚焦的方式加以淡化，让用户可以在其他某一突出优势上得到最大限度的满足，提供给用户这样选择的充分理由。

在痛点思维下，企业能做到的就是利用充分的论述和足够的内容进行亮点聚焦，这也是企业宣传和推广战略选择的必然结果，具体分析如图 8-15 所示。

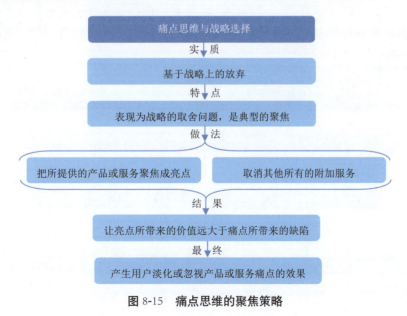

图 8-15　痛点思维的聚焦策略

3．引领企业创新

企业的发展就是一个不断创新的过程，当其产品或品牌会让用户产生痛点时，那么企业可以基于这一原因进行创新和改进，以便尽可能地满足用户的购买心理，提升用户的购物体验。且这一创新可以从企业的两个角度进行分析，即生产和营销推广方面，具体分析如图 8-16 所示。

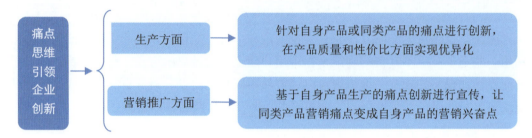

图 8-16　痛点思维引领企业创新的两个方面

从上面的两个角度来说，痛点思维引领企业创新的观点其实是一种反定位的手段，是一种竞争中的差异制胜手段和策略。

8.2.4　痛点利用：打造出差异化体验

由上面的痛点思维介绍可知，软文撰写要求其重点带给用户的是一个营销中的差异化体验的过程，而企业在这一过程中，最重要的任务是怎样利用好痛点并打造差异化体验。打造差异化体验总的要求是把握和利用好痛点，绝不盲目行动，其具体流程如图 8-17 所示。

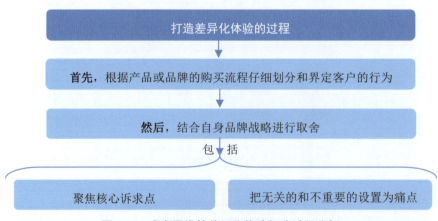

图 8-17　痛点思维的差异化体验打造过程分析

8.2.5 痛点设置：两种途径完美实现

从图 8-17 中可知，痛点的设置是一个营销战略设计的过程。对于企业产品或品牌而言，它们想要在公众号软文中把这一痛点表现出来，是可以通过两种途径来实现的，具体内容如下。

1．反定位策略

在公众号软文撰写过程中，产品或品牌的痛点设置还可以从竞争对手的角度来进行反定位，让自身产品或品牌的软文在内容中尽量形成与同类竞争者完全不同的差异，以便获得推广和营销上的突破。

利用反定位策略，可以让读者和用户体验到自身产品或品牌的创新和差异点，从而在读者和用户的脑海中植入自身产品或品牌的特征标签，以便更容易地促进产品或品牌的推广。

图 8-18 所示为"可口可乐"公众号充分展现其"年轻与活力"的核心诉求点的软文案例。这是一种基于其竞争对手百事可乐的"经典"的反定位而来的，最终形成了可口可乐的创新标签和品牌核心诉求点。

图 8-18 可口可乐的"年轻与活力"的反定位策略痛点设置

2．减法处理方法

在产品和品牌的推广、营销理念中，痛点的设置是可以通过其产品本身的对比来实现的，即核心诉求点和痛点的对比，具体如下。

（1）核心诉求点：将产品或品牌的核心诉求点进行详细和深入的聚焦，并尽可能地实现差异化和与众不同，让产品或品牌的核心诉求点能更好地贴合用户的购买体验。而在软文中设置痛点时，就可以根据企业的这一营销策略进行撰写，从而打造爆款推广软文。

（2）痛点：在突出核心诉求点的基础上，产品或品牌还应该对其自身的痛点进行减法和弱化处理，把所谓的痛点即一些不能为用户带来额外价值的内容尽可能删除掉或者是避开介绍，从而间接地让产品或品牌的痛点成了隐形的、不被用户注意到的痛点。

无论是在营销过程中，还是在产品或品牌软文的撰写过程中，在痛点上做减法是一种常用而有效的方法。

图 8-19 所示的星巴克咖啡的休闲文化体验就是一种在痛点设置上运用了减法的设置方法，利用这一处理方法产生的结果是让用户更多地注意咖啡店的气氛和文化体验，至于其他可能存在运营上的痛点环节，在满足了消费者休闲文化体验需求的情况下是有可能被忽视的。

图 8-19　星巴克咖啡店的避开痛点的休闲文化体验设置

8.3　话题：对焦用户关注点

任何一篇文章，都是围绕某一话题中心进行描写或论述的，用于推广和营销的软文也应如此。在软文中打造和切入一个更吸引人的话题，是一篇软文获得众多关注的前提，也是撰写软文必须要把握的中心内容。关于软文中心话题的打造，可从 3 个方面着手，如图 8-20 所示。

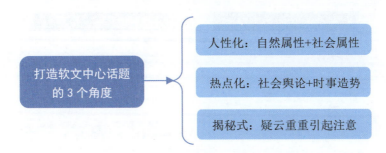

图 8-20　软文中心话题打造的 3 个角度

8.3.1　人性化：自然属性＋社会属性

从读者关注的焦点来看，人性化内容一直都是容易占据主导优势的，这主要是基于人的自然属性和社会属性这两个基本属性而言的。当然，基于这两个属性而展开、撰写的软文也是比较容易受关注的，在软文推广和营销中也容易形成爆款。

例如，在人的自然属性里，从心灵层面上来说，人类是希冀有着长久的奋斗目标的，而不是希望在漫漫人生中庸庸碌碌度过，因而总是容易对那些有着巨大成就、有着成功事业的人给予关注，对关于这方面的软文也总是会多加关注，如图 8-21 所示。

图 8-21　希冀长久目标的自然属性话题的软文案例

又如，在人的社会属性里，人们总会对自己这样做将会产生什么后果给予考虑，特别是一些不好的行为和习惯等。关于这方面的话题也容易成为人们关注的焦点，假如在软文撰写过程中针对这方面的话题进行描述，不失为一个吸粉引流、容易引起读者关注的切入点，如图 8-22 所示。

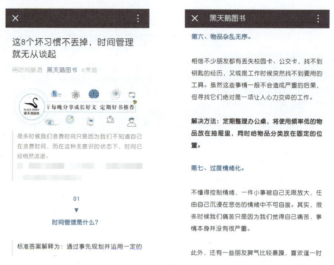

图 8-22　考虑自己行为后果的社会属性话题的软文案例

8.3.2　热点化：社会舆论 + 时事造势

对软文而言，其所涉及的热点话题应该具有 3 个方面的属性，才能打造受大众欢迎的软文，如图 8-23 所示。

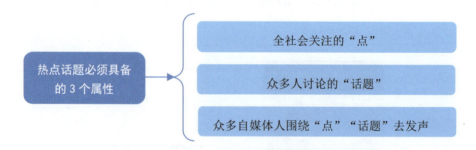

图 8-23　软文中热点话题必须具备的 3 个属性介绍

在图 8-23 所示的 3 个属性中，全社会关注是热点话题的基本属性和前提条件，只有这个话题受全社会关注，才能体现从根本上解决读者感兴趣的问题，进而才能成为众多人讨论的"话题"，并成为以关注社会舆论和时事来进行推广的自媒体人去重点发声和争论的话题。

另外，在微信公众号运营和平台软文撰写中，热点并不是能完全事先规划的——除了一些重大的节日和庆典外，其他的事件和社会热点都具有一些相同的属性，即随机性和临时性。

因此，在进行公众号运营和软文撰写时，应该时刻关注社会时事，并精准地抓住关键的社会话题和词汇，从中发现大众关注热点，以便为软文的撰写提供切入点，打造能够聚焦的热点话题软文，为平台推广和营销提供内容引导。

图 8-24 所示为一些微信公众号推送的关于"佛系"热点话题软文案例。

图 8-24 "佛系"热点话题软文案例

当然，对于那些能够进行策划的热点，如"五一"、中秋和"十一"等，应当在其来临之前进行相关方面的准备工作，既时刻关注社会动态，准确把握热点，还应该积极进行造势，为软文的推广营造一种热烈的氛围，从而为软文的扩大和延伸关注创造条件。

图 8-25 所示为一些微信公众号上推送的关于"618"热点话题的软文案例。

图 8-25 "618"热点话题软文案例

总之，在软文撰写中，无论是不能提前策划的热点还是需要策划的热点，都具有即时性，需要平台运营者善于把握和抓住时机，不要让热点从身边悄悄溜走，从而错失推广和营销的良机。

8.3.3　揭秘式：疑云重重引起注意

上一小节对热点话题的重要性和运用条件、方法等进行了全面的阐述，也许有读者会问，既然热点是具有随时性和随机性的，且稍纵即逝，是难以把握的，那么在没有获得热点话题的情况下，软文撰写者应该怎样打造出一个容易吸引人关注的焦点话题呢？

关于这一问题，除了可以对人性化问题着力加以引导外，还可以营造一种揭秘式的软文话题，引起读者的好奇心和吸引读者的注意力。

特别是对一些别人不知道而只有你知道，抑或是别人不能做到而你可以做到的话题，微信公众号运营者和软文撰写者可以积极进行准备，它无疑也是能打造读者关注焦点的中心话题。

例如，图8-26所示为一篇在花木上进行话题揭秘的软文，它通过揭秘式标题的巧妙设置来引导读者点击阅读，在软文中为读者揭秘一些自己可能不了解的花木知识。

图8-26　花木揭秘式话题软文案例

又如，微信公众号"中国之声"推送了一篇揭秘冰岛队不是业余球队的真相的软文，如图8-27所示。

第 8 章 营销推广：热点＋痛点＋话题

图 8-27　冰岛队不是业余球队的话题软文案例